相信閱讀

Believe in Reading

財經企管 574

偉大經濟學家

Alfred Marshall

馬夏爾

Marshall

台灣大學名譽教授 施建生 著

偉大經濟學家

馬夏爾

偉大經濟學家

馬夏爾

Alfred Marshall

（1842-1924）

自序

　　自2005年起我就開始撰寫這套「偉大經濟學家」一系列的小書。到了2013年，寫成了八冊時，我就想今後不再寫了。當時在自序中所提出的理由是：「人生畢竟有了盡頭，現在我是處於『近黃昏』的時節。是的，『夕陽無限好，可惜近黃昏。』既然如此，就讓我盡情欣賞這燦麗的夕陽吧，更何況不是每當近黃昏時都有夕陽照耀的。」就秉此意度過了大半年，不久以後我就漸漸地體會到，在我每天生活中總是感到缺乏什麼似的，這與當初想盡情欣賞「近黃昏」的期盼顯然有所背違，自不免有失落之感。

　　於是，我開始追想思索前後兩般生活方式的異同，很快地就體悟到，這是我每天生活的成色改變的關係。在過去，「讀書」、「寫書」是我每天生活中的

　　主要成分，現在則「書」固然還是在「讀」，但只是讀讀以消磨時間，並無進一步想將心得寫出的企劃，這是我之所以感到失落的原由。

　　記得在去年，也是在這類書的自序中曾寫道；「自此以後我每年都有這樣一本書的出版，這一工作的推展為我的晚年歲月增加許多生命的活力，使我真正享有『不知老之將至』的樂趣。」這不是明明自我表白這種生活方式的功效嗎？接著，很自然的，我就這樣做了 —— 結果乃有這本小書的寫成。

　　最後要說的是，這次所寫的主人翁是馬夏爾（Alfred Marshall），理由也很簡單：經濟學自古典的發展到現代，約歷兩百五十年，其中有一位承先啟後的圖鑑性人物就是馬夏爾。這本小冊子就是要說明這一段故事，希望讀者指教。

施建生

2015.4.10

第一章　成長過程

當代偉大經濟學家熊彼德（Joseph A. Schumpeter）曾在他最後一本遺著《經濟分析史》（*History of Economic Analysis*）中表達，英國經濟思想發展到了1870年代，出現一個「馬夏爾時代」（Marshallian Age）。（注1）那麼，馬夏爾（Alfred Marshall）是何許人？他對經濟學有何貢獻？這些就成為大家所關注的問題。當馬夏爾於1924年逝世時，當代另一位偉大經濟學家凱恩斯（John Maynard Keynes）為表示對他的老師馬夏爾的崇敬與懷念，曾寫了一本優美完整的《馬夏爾傳》（*Alfred Marshall*, 1842-1924），對於上述的那些問題都有所解答敘述。（注2）現在我們可先以他這本傳記為依據，略作傳述。

一、父親的期盼

馬夏爾於1842年出生於倫敦近郊的Clapham，父親William是英格蘭銀行的一名出納，性格嚴正，為一位篤信福音派新教的虔誠教徒。

馬夏爾九歲時，進入當地的Merchant Taylor's

School攻讀。他父親時常想起詹姆斯・彌爾（James Mill）如何督促兒子約翰・司徒・彌爾（John Stuart Mill）向學的故事，對於馬夏爾在學校中課務的進展一直非常關心，尤其是對其中的希伯來文（猶太文，Hebrew），總是要他念到晚間十一時方可休止。

由於在校期間成績優良，1861年時他就獲得獎學金，取得進入牛津大學聖約翰學院（St. John's College, Oxford）的許諾，三年後還可升為研究員（Fellowship），其所可享受之未來安全保障，與當時最著名之劍橋大學國王學院（King's College, Cambridge）的伊登獎學金者（Eton Scholar）所能獲得的完全相同。他父親獲知以後感到非常喜悅，因為這是獲得神職任命的第一步，他一生最希望兒子能成為一位傳教士。但馬夏爾並不感到興奮，因為傳教並不是他將來很想要擔負的職務，他對這種偏重古典文學的獎助並不很傾慕，他當時所喜愛的是數學，但他並不反對正統的神學，他反對的是古典的研習。

二、個人的性向

　　根據凱恩斯的敘述，馬夏爾後來時常憶起他那位專橫的父親，如何使他晚上不能入睡而專讀希伯來文，以求有良好的成績。同時父親也禁止他讀數學，一見到他拿著數學的書就感到不快。在這種情形之下，他只好在上學時將數學書藏在自己的衣袋中，然後在行走時提出一個又一個問題加以思索，期能在心中求出解答。他的數學老師覺得他有數學的天才，而他父親卻毫不能理解。

　　總之，在馬夏爾看來，數學是他的救贖，他不能再到牛津去讀那些死的文字，而要到劍橋去找生命的源泉。但他父親不夠富裕，無法負擔放棄牛津獎學金後所需的費用。在這種困局中，他好心的叔叔Charles願意借錢給他們解決困難。

　　這位好心的叔叔如何會有這筆款呢？後來到1875年，馬夏爾還想到美國一行，所需旅費也是由這位好心的叔叔借貸的，這筆錢款也非小數，他又何能如此富有呢？

　　據凱恩斯記載，這是因為當澳洲發現金礦時，他攜眷前往，並在那邊創設了一個畜牧場。當金礦業衰落時，他自己規定，凡身體無缺陷的、與他同輩的人都不僱用，只僱盲人、跛者與殘障者。當黃金市場旺盛達於極點時，所有體力能勝任的人都回到礦場，結果只有他一家牧場仍能照常營業。他就這樣發了一筆財，回到祖國，而能夠幫助他的侄兒解決一時的窮困，實現他的美夢。（注3）

　　到了1865年，馬夏爾終於在劍橋聖約翰學院完成了學業，成績極為優良，僅次於後來對於物理科學具有卓越貢獻的瑞利勛爵（Lord Rayleigh），因而立即被任命為研究員。他提出研究分子物理學的計畫，同時在克夫登學院（Clifton College）暫時擔任數學教席以維持生計，並償還對叔叔的債務。不久以後，他回到劍橋指導該校之「數學榮譽學位考試」（Mathematical Tripos）（注4）事務一個短期。因此，他更能如此說：「數學已償還了我的積欠，我可以自由抒發我的性癖了。」（注5）。

三、課題的抉擇

馬夏爾在克夫登期間的關鍵重要性，是從而交到了一些朋友，並再由這些朋友接觸到以當時劍橋三一學院道德科學研究員西奇威克（Henry Sidgwick）為中心的朋友。在此以後我們無法證明他曾與同輩比較著名的人士有所交往。但當他回到劍橋以後就成為一個小型討論團體的一個份子。這個團體稱為格爾特學社（Grote Club），是由當時教區牧師兼道德哲學教授格爾特（John Grote）所創，馬夏爾曾如此敘述他被邀參加該會後的情形：

「當我在1867年被邀入社後，積極的社員有F. D. Maurice（Grote的繼任者）、西奇威克、Venn、J. R. Mozley與J. B. Pearson……，在1867年或1868年後，該社一度稍見消沉，但自W. K. Clifford與J. F. Moulton參加以後，新的活力立即注入。在一、兩年間，西奇威克、Mozley、Clifford、Moulton和我都是積極活躍的社員，我們都經常出席聚會。Clifford與Moulton在那時只曾少許讀了一些哲學，所以他們在討論會進行的前半

段都保持緘默，專心諦聽他人的發言，特別是西奇威克所說的。然後在後半段時他們就讓自己放鬆唇舌，進展都很動人。如果我可從我在這些晚上聽到的十多篇的精彩發言中選一、二篇範例，那就非西奇威克與Clifford的莫屬了。……」（注6）

就在這一時節以及這些影響力發揮的情景之下，馬夏爾在其心智發展上激起危機，他原有研究物理學的計畫就「因這種對知識的哲學基礎，尤其是對於神學的關係發生濃厚興趣之突然增加而被打破了。」（馬夏爾自己的言語，注7）。

當此時期，先後有達爾文的《物種原始論》（Darwin, *Origin of Species*, 1859），斯賓塞的《第一原理》（H. Spencer, *First Principles*, 1860-1862）及彌爾的《William Hamilton哲學之檢討》（J. S. Mill, *Examination of Sir William Hamilton's Philosophy*, 1865）等書的出版，曾在英國哲學界，至少是劍橋哲學界引起對基督教教條之信心的動搖。青年們所關心的都傾向於形而上學的不可知論、進化論以及倫理學。在這種情形之下，馬夏爾亦轉入形而上學的研究，然後就由形而上

學的探究而轉到倫理學，最後又由倫理學轉入經濟學。他在回顧其心智歷史時曾這樣說：

「我從形而上學走到倫理學，我想要對社會現狀加以辯護是不容易的。有一位朋友曾讀了許多現在稱為道德科學的書，常常說：『啊！如果你瞭解政治經濟學就不會這樣說了。』因此我就讀了彌爾的《政治經濟學》，感到非常興奮。我對於機會不平等的懷疑要超過對於物質安康的不平等。於是我在假日時，走訪了幾個城市中最貧窮的區域，從其中的一個街頭步行到另一街頭，見到許多最貧窮人的臉容，接著我就決定要盡可能地將政治經濟學研讀個透徹。」（注8）

在1868年，當他仍在研究形而上學的時期，一種想要對康德（Kant）做原始性研究的欲念驅使他到了德國。他有一次說：「康德是我的導師，是我唯一崇拜的人。但我想再進一步卻不可得，在這外邊似乎為一片陰霧所籠罩，模糊不清，而社會問題總是不知不覺地來到面前。真實的生活難道只限於少數的一群人所能享有的嗎？」他與一位早年曾教過西奇威克的德國教授住在Dresden，黑格爾（Hegel）的《歷史哲學》

（*Philosophy of History*）大大地影響著他。他同時也接觸到德國的經濟學家，特別是 Roscher（德國歷史學派經濟學家）。最後聖約翰學院的院長 Dr. Bateson 給他一個終身職位，即道德科學的特別講座。不久以後，他終於選擇經濟學做為以後研討的主題，雖然他一度也曾擔任道德科學中其他課目如邏輯等短期講師。（注9）他這兩年在腦海中所激起的疑慮與動盪終於告一段落，他深切地體悟到，今後所要獻身的將是一門對人類福祉與美好生活可以產生決定性功用的學科，因而感到非常滿意。這與早期他父親所期盼他能獲得神聖任命所能肇致的欣慰應無差異。

1.　Joseph A. Schumpeter, *History of Economic Analysis*, Oxford University Press, London, 1954, p.830.

2.　J M. Keynes, Alfred Marshall, 1842~1924，這篇傳記曾有幾種版本，本文所根據的是 *The Collected Writings of John*

Maynard Keynes, Vol. X, Essays in Biography, The Royal Economic Society, 1972, pp.161~231。

3. 同上注書，pp.164~165。

4. Tripos是英國牛津與劍橋二校的特殊制度，若以我國大學制度論「榮譽學位考試」也許可以說相當於我國大學中的科系組織，因此這一「數學榮譽學位考試」就可譯為「數學系」。

5. 同上注書，p.166。

6. 同上注書，p.167。

7. 同上注。

8. 同上注書，p.171。

9. 同上注書，p.172。

第二章　人生道路

一、鍛鍊體智力量

　　馬夏爾自1868年被邀請成為劍橋大學聖約翰學院的研究員兼任講師以來，一方面就開始對政治經濟學認真研讀，另一方面亦協助校方使政治經濟學成為院中之一門獨立的重要研讀的學科。為使這些任務之推展能產生相當篤實的成果，他就自行從事體力與智力兩方面的辛勤鍛鍊入手。

　　以體力方面來說，他每逢長期假日的季節，都會獨自攜帶一個背囊到國外旅遊，大都是赴阿爾卑斯（Alps）山巔行走。每天先是在清晨六時背著一個背囊在山上步行兩、三個小時，這可使他的背部保持挺直，然後就設法休息一段時間，這時他就拿出隨身攜帶的一些書籍從事閱讀。這可以說是他在智力方面的自求擴增，他早期攜帶的書籍大都是歌德、黑格爾、康德或斯賓塞的著作，後期則是有關國內或國外貿易方面的著作。這樣經過一個段落後，他又再這樣步行一趟一直到晚間。他往往能在這種步行的過程思考到國內外貿易以及與其有關問題的解答。

到了1875年，他赴美國考察四個月，期能對於這一國家的經濟情況有所瞭解。他遊歷了整個美國的東部，並遠至西部的舊金山。他到哈佛、耶魯等校，與那邊的經濟學家暢談，並承介紹與許多產業界的領袖人物會晤，但他主要的目的是想要「研究這一新興國家的保護貿易問題。」

這次的美國之行在他心中留下了一個深切的印象，對於他以後所做的各種工作都將引發巨大的影響。他常常說，重要的不是由實際上學到多少，而是明瞭了自己所要學的是什麼。他在這次旅行中學到了如何全面地看待事物，使他能預知美國未來在世界上所居地位的輝煌，以及這個國家之所以致此的原因，和未來發展的方向。（注1）

二、締結美滿婚姻

馬夏爾從美國回來後就對「劍橋道德科學會」（Cambridge Moral Sciences Club）提出一篇報告，討論美國的產業情況，嗣後亦與有關人士交換這方面的意

見。到了 1876 年，突然傳出馬夏爾已與柏雷（Mary
Paley）小姐訂婚的消息。這事是怎樣發生的？凱恩斯
後來亦曾為這位小姐寫了一篇傳記，名為〈Mary Paley
Marshall〉，其中對於此一喜訊的來龍去脈且有所報
導，我們亦可將之轉述於下：（注2）

　　柏雷小姐在 1850 年出生於一位英國國教區區
長的家庭中。她九歲時開始研讀英國的歷史與地
理。在 1869 年，「劍橋地區成年婦女高等考試協會」
（Cambridge Higher Local Examination for Women over
eighteen）成立（後來此會改名為「劍橋促進女子高等
教育協會（Association for Promoting the Higher Education
of Women in Cambridge）」），她的父親允許她前往應
試。她由於成績優異乃獲得獎學金，可到劍橋完成大
學水準的教育。這樣到了 1871 年 10 月，柏雷小姐就與
其他一共五個學生到劍橋一座由 Miss Clough 所居住的
寓所中，這一寓所就成為以後成立 Newnham College 的
中心地址。

　　時間過得很快，三年時間一晃過去了。柏雷小姐
與 Amy Bulles 成為 Newnham 的第一批先鋒隊，參加

了專為男生所設的「道德科學榮譽學位考試」（Moral Sciences Tripos），這是政治經濟學在那時成為考試的一部分的唯一機會。（注3）結果成功了。

翌年，亦即1875年，西奇威克請柏雷小姐到Newnham的另一寓所，那邊已由Miss Clough召集了大約二十位學生，預備從馬夏爾手中，將他所肩負的對女生所講的經濟學課程接過來。那時大家都很興奮，希望能有中選的機會。接著下一年就聽到馬夏爾與柏雷小姐訂婚的喜訊。由於事態發展是如此的順暢，凱恩斯就猜測這是一部五年前一見鍾情的故事的實踐。例如柏雷小姐在劍橋的第一學期時就曾如此地追憶：「我對西奇威克先生與馬夏爾先生的第一次回憶，是在晚上當我們在Miss Clough寓所的客廳中縫製著家常使用的桌巾之時。這是我第一次見到馬夏爾先生。我從來沒有看到過這樣一個動人的面貌與一雙溫柔體貼的眼睛，我們縫製著桌巾，很寧靜地坐在那裡傾聽著他與Miss Clough討論的話題。」（注4）

同時，亦在她開始上他課的第一學期中，她說：「馬夏爾先生站在黑板旁也有點緊張。……」聖約翰

院長夫人還為此開了一個小小的舞會，「我望著馬夏爾先生，他看來有點憂鬱，我請他跳舞，他說他不會。……我不再說一句話，他也沒有，接著我由Miss Clough陪同受邀參加他寓中舉行的茶會。」他在這些茶會中往往會發表一些動人的言論，其中有一段柏雷小姐說她永遠不會遺忘。「在這些言詞中，他給我們對於許多實際問題的意見，例如舞蹈、婚姻、賭博與走私等。關於婚姻，一般人常常說，結婚生活的理想是丈夫與妻子應該為他們自己而生活。如果這是說他們兩人應該為雙方相互的滿足而生活，這在我看來是不道德的。丈夫與妻子不應該為他們自己而生活，而應該為彼此所共求的目的而生活。」對於馬夏爾所發表的言論，她的評語是：「他是一位偉大的傳道家。」（注5）

凱恩斯認為，在這種情形之下，相處了一段時間而宣布了訂婚的喜訊也是很自然的。這豈不就是五年前他倆初次見面所造成的結果。當時她還允諾為主事者寫一本經濟學教科書供推廣教育應用，訂婚以後，馬夏爾也就主動協助此事。（注6）

　　到了1877年7月間，他們結婚了。這時發生了
兩件大事，第一是馬夏爾必須辭去聖約翰學院的研究
員一職，因為當時規定擔任此類職務的人必須終身不
娶。馬夏爾記道：「適正在這時，牛津大學的巴利奧
爾（Balliol）和New College在卜萊斯圖（Bristol）設立
了第一間「大學學院」（University College）。這是一種
專為自己沒有設立大學的大城市創辦的學院，以使附
近的居民能有享受高等教育的機會。我被選為第一任
校長，內人在上午講政治經濟學，我則在晚間教一門
課，主要的聽講者為年輕的商人。」（注7）

　　馬夏爾除了上課之外，還在晚間舉行許多公共講
座。馬氏夫婦二人在卜萊斯圖的工作極受愛戴。

　　第二件變化就是上面提到過的馬夏爾要參與那本
經濟學教科書的撰寫。順便一提，他在這時之前很少有
著作出版。他通常都是以口頭方式與學生或其他人士
發表意見，絕少有以文字印出，公開發行。到了1877
年，他想將這幾年來在政治經濟學的研究方面所獲的心
得加以整編，以書的形式公諸於世，但由於種種因素的
牽制，一時還不能成為事實。到了1879年，西奇威克

終於將他從美國回來以後所寫的關於國際貿易與保護主義問題的幾篇短文，編成兩冊名為《The Pure Theory of Foreign Trade》和《The Theory of Domestic Values》而出版，這些書就成為他在此期間唯一公開發行的著作，而與上面所提的與他太太合著的經濟學同年出版。

現在可回過來談談這本經濟學寫作的經過。根據他太太的說法是如此：「這是以我們兩人的姓名於1879年出版的。艾爾夫特（Alfred，作者注：馬夏爾的名字）對於這一點堅持要這樣辦，雖然隨著時間的進展，我認為這實際上是他的著作，後半部差不多完全是他寫的，包含著許多他後來出版的《經濟學原理》中的精華。他一直不喜歡這本小書，因為他認為『每一短促簡單的教條都是虛假的信念』。」（注8）

根據凱恩斯的說法，這事實上是一本非常好的書。許多年來一直就沒有真出過一本符合其出版宗旨的書，如果說這不是永久不會再有。他說他知道他父親總認為馬夏爾這樣討厭這本書是不公平的，這原本就是他的書，而他卻毫無怨尤地聽任它在銷路仍很暢順時就被迫停止發行。（注9）

　　他們夫婦在卜萊斯圖的服務甚有成績，深獲當地人士愛戴。但行政工作是校長的主要任務，特別是向人募款項事務。由於原本的基金微少，這項工作就特別繁重。在馬夏爾結婚不久以後，他的健康與精神就開始處於崩潰的危險。後經檢查結果，是他患了腎結石的病症。他很想辭職，但是替身一時不易找到。到了1881年，Professor Ramsay教授接任化學系，校長一職有了接替的人選，馬夏爾就得到允准而辭職了。

三、回歸劍橋大學

　　在辭去了校長職務之後，馬夏爾就與妻子同赴意大利，住了差不多一年，先是在Palermo居留，據馬夏爾夫人的回憶：「我們住在Palermo一家小旅舍的頂層。有一天艾爾夫特坐在一張美國椅子上，在那裡寫著《原理》的前幾章。有一天他從頂層走下來告訴我他如何發現了『需要彈性』（elasticity of demand）的概念。」（注10）

　　在Palermo住了半年以後，接著就到翡冷翠

（Florence）與威尼斯一遊。他回到卜萊斯圖以後，仍任政治經濟學教授。到了 1882 年，健康完全恢復。但馬夏爾在餘生中仍是患著憂鬱症。他總認為自己已陷於殘廢的邊緣，實際上他則非常健壯。

在卜萊斯圖的大學學院董事會中，有 Dr. Benjamin Jowett 與 Professor Henry Smith 兩位董事，每次來開董事會時都是住在馬夏爾的寓所中。Dr. Jowett 是牛津巴利奧爾學院的院長，他對經濟學的興趣非常濃厚。當他擔任巴利奧爾的導師時，曾開了一系列關於經濟學的課程。他持續不斷地擔任個別大學生的指導工作，一直到逝世時為止。他對馬夏爾的興趣與信仰是從每次董事會會議後之長談中產生的。

到了 1883 年，當時代表工人利益的著名社會改革家湯恩比（Arnold Toynbee）意外早逝，Dr. Jowett 就邀請馬夏爾繼任他在巴利奧爾的研究員職位兼政治經濟學講師一職，負責對印度文官制度中之專任候選員的講解工作。到了那時，早年牛津與劍橋二校擔任此項職位必須不娶的規定業已取消。

馬夏爾在牛津的職務儘管短暫，但卻是成功的，

他吸引了許多傑出的學生，他的公共講演所出席的人數都很眾多。當時美國的土地改革家亨利・喬治（Henry George）的《進步與貧窮》（*Progress and Poverty*）引起許多人的興趣，馬夏爾在卜萊斯圖時就曾作過三次公開講演，曾從經濟理論觀點對其土地改革主張加以批評。到了1884年，亨利・喬治曾赴牛津做了一次包括馬夏爾也受邀出席的講演，兩人見解仍有出入。（注11）

同時亦在1884年，曾於1863年起即擔任劍橋大學的政治經濟學教授的Henry Fawcett突然逝世，這就為馬夏爾重回劍橋啟開大門。他於1884年12月果然被選為繼任者，而於1885年1月回到久別了的母校。

---

1. J. M. Keynes, "Alfred Marshall"，*The Collected Writings of John Maynard Keynes, vol. X, Essays in Biography*, The Royal Economic Society, pp.175~176。

2. J. M. K, "Mary Paley Marshall", *The Collected Writings of John Maynard Keynes, vol. X, Essays in Biography*, The Royal Economic Society, pp.232~250.

3. 同上注 1 書，p.236。

4. 同上注書，p.238。

5. 同上注書，p.239。

6. 同上注書，p.239。

7. 同注 1 書，p.177。

8. 同注 2 書，p.239。

9. 同上注書，p.239。

10. 同上注書，p.240。

11. George J. Stigler, "Alfred Marshall's Lectures on Progress and Poverty", *Journal of Law and Economic*, Vol.12, No.1, 1969/04.

第三章 | 經濟名著的出版

一、寫出前的準備

我們知道，馬夏爾原本是專攻數學的，他在1862年進入英國劍橋大學聖約翰學院主修，由於成績非常優良，乃於1865年獲校方聘為研究員兼數學講師。不久即與當時一群住在院中年輕但學識卓越的高級員生（英文稱為don）逐漸相熟。

這群人士對於當時工業英國所發生的社會問題非常關切，馬夏爾受到他們影響，研究興趣也隨而由物理學轉移到以哲學與倫理學為中心，那時社會科學仍居於這些學科的邊緣。但是，馬夏爾由於對社會的關懷，並意識到貧窮是許多社會罪惡的根源，因而受到引導，步入經濟學的境界。因為，正如後來他在《經濟學原理》中開宗明義地說：「政治經濟學或經濟學是一種研究人之日常生活情形的學問，它要探究的是個人與社會的行動中與福利之獲得及其所需物資之利用關係最為攸切的那一部分。」（注1）

的確，在馬夏爾看來，貧窮問題不但是經濟學研究的主題，而且是我們之所以要研究經濟學的根本理

由。正如他所說的：「貧窮之成因的研究，就是一大部分人類之所以陷於生計困乏、道德敗壞之成因的研究。」（注2）

馬夏爾認真研究經濟學是從1867年開始。對於這一點，他曾說：「我體識到經濟學開始於閱讀彌爾的著作（作者注：約翰・彌爾的《政治經濟學》），當時我仍在劍橋以教數學而維生，盡量將學理翻譯為微分方程式。同時對那些不能這樣做的，照例是將之放棄。……這主要是1867至68年間的情形。」（注3）

到了1875年，他的理論特性可以說業已發展而成，其間的經過，馬夏爾曾用第三人稱以書面方式表達。現可翻譯如下：「當他仍在從事數學的個別講授以謀生時。他盡可能將許多李嘉圖（Ricardo）的推理翻譯成數學。他想盡力將它們成為較普通化、較一般化。同時他受到Roscher與其他德國經濟學家的吸引，也受到馬克思、拉薩爾（Lassale）與其他社會主義者的啟導，但在他看來，這些歷史經濟學家的分析方法並不能充分證實他們的信念，肯定他們為經濟事件之所以發生所提出的原因是真正的原因。他的確認

為，對於經濟之過去的解釋，差不多與對經濟之將來的預測一樣的困難。在他看來，社會主義者也同樣低估了他們所面對問題的困難程度，認為取消私有財產可以消除人性的謬誤與缺陷，也是過於武斷。……他要自己更多接觸實際商業與勞工階級。一方面，他要學習各種主要產業的技術特性。另一方面，他要接近工會、合作社與其他勞工階級的領袖，以了解他們的情況。但是，多年來鑒於直接研究他們的生活與工作並無法產生多大效果，他決定要以對外貿易為主題，撰寫單獨專論或特殊著述來填補這一空隙，因為關於這類的主要事實可從已印成的文件中得到。他主張這應該是討論特殊經濟問題的首批論著，並希望最後能將這些專論合編成一本與彌爾同一範圍的一般性的著作。將這部較大的論著寫成後，但不是在此以前，他認為他可能可以寫一本簡短的大眾讀物。他堅持自己的想法，認為這是最好的工作程序。但是，他的計畫被客觀的情勢推翻了，差不多完全顛倒過來。他的確寫成了一篇討論對外貿易的專文的第一次草稿。在1875年，他訪問了美國產業的主要重鎮，望能由

而研究這一新興國家的保護貿易問題。但是這項工作
因為結婚而中斷了。在訂婚時，與他的太太聯合撰寫
了一本《產業經濟學》（*Economics of Industry*）。簡化
到可以強制勞工階級的讀者閱覽，但他卻感染疾病，
有時嚴重到不能做任何勞神的工作。稍晚以後，他想
他的精力也許可以支持他重新說明他對經濟問題所畫
出的圖解。在1873年雖然受到華爾拉教授（Professor
Walras）的敦促要他將之出版，他還是拒絕了，因為他
怕這樣完全與實際情況隔絕的研究一旦刊出，有些人
也許會認定這些圖形對實際問題的解決可以產生直接
影響，但實際的情形則並不如此。因此，他開始提供
一些必定會產生缺點與情況，寫成了他的《經濟學原
理》（*Principles of Economics*，簡稱《原理》）卷五的要
義。將這卷的要義逐漸地作前後的申論，最後終於成
為在1890年出版的《原理》的全貌。」（注4）

　　從以上的說明中，我們可以知道馬夏爾為了要撰
寫《經濟學原理》，這部書曾作了周詳而充分的準備。
他不但閱讀許多有關的著作，且還與直接經營各種產
業的領袖與工人接觸，以增加其對實情的瞭解。但

是，儘管如此，沒有一部分的建樹曾以適當的形態公諸於世，一直到1890年他的《原理》出版時為止。何以致此？這在上面他的簡述中已有提及，但嫌過於淺略，現可補充於下。

二、寫作時的周折

馬夏爾的寫作進展之所以不能迅速推前，主因在於他所擔任的大學行政與教務的工作非常繁重。就以他於1885年重回劍橋擔任的政治與經濟學講座教授一職而論，其原本所須負的責任就很艱鉅。更何況他在就職典禮時就曾如此宣布：「這將是我最大的抱負與最高的企圖，要盡我淺薄的才能與有限的力量，為劍橋培養出更多具有冷靜的頭腦和溫暖的心之人才，願意獻出他們最大的力量，以減除他們周遭所存在的一些苦難。」（注5）

從許多方面來看，重回劍橋的邀請都是虛幻的。經濟學的教學是做為「歷史與道德科學榮譽學位考試」（Historical and Moral Sciences Troposes）（注6）的

一部分來推動的。這兩方面都不能提供優秀的學生，也沒有高深的研究可做。馬夏爾奮鬥多年只獲得有限的成功，擴增了經濟學教學的範圍而已。直到1903年新的「經濟學與政治學榮譽學位考試」（Tropos in Economics and Politics）的設立，這一目的方算達成。儘管如此，大學與學院雙方仍沒有提供多少新資源供其運用。新的「榮譽學位考試」的人員補充還是有賴馬夏爾從自己的口袋中找出兩位年輕講師來完成。這新的學校後來在馬夏爾退休後終於開花結果，而它的種子肯定是馬夏爾下的。

　　馬夏爾專心致志於他自己的學科，對於大學校務並不太關心。的確，以他過分分神的個性，以及易將事務意外擴展的心情，就是他對大學發展有定見而想採取行動亦不易發生實效。不過，他在1896至1897年反對劍橋女子學院對女性給予學位一節則獲致成功。儘管當時他的夫人曾為Newnham College的講師。他不是反對女子教育，實際上他早年還是熱烈的支持者，但他強烈反對將女子同化於一個原是專為男人所設計的教育體制中。（注8）

　　他回到劍橋的生活重心，同時肯定是對後世影響最大的是他的長期奮力，希望能將他的經濟知識，以及長時累積而成的見解以文字寫出來成為一本書。由於上述教育與行政上的要求，這在開學期間已沒有時間從事，只能利用常為人們羨慕的大學生活中能有長期假日（long vacation）來進行這一工作。為了舒暢地肩負這項任務，屆時馬夏爾夫婦往往就離開劍橋，而到英格蘭的南部海岸或到奧國的Tyrol去進行。到了1887年，這部於1881年開始撰寫的書，已可達到所預期的成為兩大卷的企盼。他希望在那年的秋天完成第一卷，第二卷則望能於1889年完成。實際上，第一卷以《經濟學原理》為名在1890年七月印出，立即掀起一股讚美的音韻，建立了馬夏爾在世界上的學術領導地位。第二卷則始終沒有出版，是因為所涉及的是對外貿易、貨幣、經濟理論、賦稅、集體主義，以及將來的目的等等，所包含的內容實在太浩瀚了。

三、出版後的反響

　　上面提到馬夏爾的《經濟學原理》出版後立即掀起一股熱烈的讚美之聲，現可進而引自熊彼德教授在其《經濟分析史》對馬夏爾之貢獻的評述，以示其引起之反響的一斑。他說，「馬夏爾創造出一個真正的學派」，其中的份子都是以涵義明確的科學研究方法來思考問題，對於這種結合並輔以堅強的凝聚力。庇古教授（A. C. Pigou）是他在劍橋的講座教授的繼承人，繼承庇古的羅伯森教授（D. H. Robertson），還有凱恩斯勛爵 —— 僅提少數最為人所熟知的名字 —— 都是他教導出來的，也都採用他的講義開始講授，不論他們以後超過了多遠。自1930年後，凱恩斯與大部分可稱為第三代的人的確曾放棄對他的忠誠。但完全從科學分析論，它的意義也沒有表面上所顯示的那麼大。雖然他們當中有些人不喜歡馬夏爾，不但在他的思想模式，而且還在他個人的氣味上，但在他們的身上卻都留著馬夏爾的烙印。

　　「那個學派從過去到現在，一直是一個國家的學

派。特別是英國性格對於它非常敏感。我曾將馬夏爾的成功與亞當‧斯密的成功相比。事實上，前者仍比後者更為自發更為立即。《原理》所得到的是熱烈的掌聲。報紙上則在開始時對《國富論》的反應甚為冷淡，對於《原理》則爭相作全面的報導。但在此必須作一修正；在國外，馬夏爾的成功永遠不及亞當‧斯密。其中的理由不難理解。馬夏爾的言論雖然喜歡為商人所閱讀，但最後畢竟是對經濟專業人士講的。到了1890年，所有各國的經濟學家都已發展出或接受某些體系，雖然在技術上比較差強，但在基本上都是與馬夏爾的極為相似。自始至終，馬夏爾是（或者他自己感到是）偉大的英國經濟學家，但這不能改變事實，馬夏爾的偉大著作是那個時期的古典成就。這也就是說這部著作較任何其他著作更完善地納涵著在1900年左右出現的古典情勢。」（注9）

　　基於上述，馬夏爾自始至終都沒有忘記自己所承受的英國傳統，從亞當‧斯密、李嘉圖、約翰‧彌爾一直到他自己，都是一脈相傳。他認為人類歷史的連續性（coutinuity）是不可磨滅的情勢，而不是大

動亂。因此，他的《原理》一書的扉頁上都以拉丁文印上「自然不是跳躍」（Natura non facit saltum: i.e. economic evolution is gradual and continuous on each of its numberless routes）的格言。就是這種連續性的真理，無形中成為一種科學策略，馬夏爾的識見也因此贏得了更多的支持者，因為他沒有將它們以奇異的新方式表達出來。舉例來說，法國經濟學家華爾拉的課本中散滿著無數的數學符號與公式，馬夏爾在《原理》中則將他的圖解隱於註釋中，並將方程式列為附錄而出現。最後的結果如何？歷史上已有明確答案：馬夏爾的《原理》，銷路遠遠超過華爾拉的課本。

---

1. Alfred Marshall, *Principles of Economics*, Macmillan and Co., London, 8th ed, 1920, p. 1.

2. 同上注書，p. 3.

3. A. C. Pigou, ed., *Memorials of Alfred Marshall*, Kelley &

Millman, Inc., New York, NY, 1956, p. 412.

4. J. M. Keynes, *Alfred Marshall, The Collected Writings of John Maynard Keynes, Vol. X, Essays in Biography*, the Royal Economic Society, 1972, pp. 181-2.

5. 同注三書，p. 174.

6. Tropos是英國牛津、劍橋二校的特殊制度。若以我國的教育制度論，此一「榮譽學位考試」，也許可以說相當於我國大學中的學系組織，因此這一「歷史與道德科學榮譽學位考試」，就可譯為「歷史與道德科學系」。

7. J. K. Whitaker, *Alfred Marshall (1984-1924), The New Palgrave: A Dictionary of Economics* (ed) by John Eatwell, Murray Milgate, and Peter Newman, The Macmillan Press Limited, London, 1989, p. 351.

8. 同上注。

9. J. A. Schumpeter, *History of Economic Analysis*, Oxford University Press, London, 1954, pp. 833-834.

第四章 馬夏爾與新古典

一、自學成功的範型

我們知道，馬夏爾在年輕時就喜愛數學，他的老師認為他有數學天才，所以到了要念大學的年齡，他就進入劍橋大學專攻數學。由於成績非常優異，畢業後即受母校聘為研究員兼數學講師。但不久就受到當時駐校的一群學術修養卓越的青年員生的影響，再加上他一直有為貧窮者謀幸福的素志，就開始研究形而上學和倫理學，最後到了經濟學。前面我曾引用他如此描述他開始自己學習經濟學：「我體識到經濟學是始於閱讀彌爾的書，當時我仍在劍橋教數學以維生，同時並盡量將他的學理翻譯成微分方程式。當遇到不可能這樣做時，照例就將之放棄。……這主要是1867至1868年時的情形。」（注1）

馬夏爾開始研究經濟學是在歷史上有利的時期。那時我們已經看到古典理論基礎的破裂，馬爾薩斯（Thomas Malthus）的人口論認為，由於人口增加迅速，工人所獲的實質工資必將隨之下降，但英國的實情卻非如此。彌爾對於當時流行的工資基金學說

（wage fund theory）（工資是決定於資本家所提出支付的
基金與工人數量相除的結果）已非常不滿，結果終於
表示反對。馬克思則對古典理論的基礎做了一個新的
分析，而提出革命的論調。德國的歷史學派與英國某
些受其影響的社會主義者，對於古典理論提出了許多
保留意見。在1871年，英國的吉逢斯（Jevons）與奧國
的孟格（Menger）攻擊古典學派之差不多專門著重供
給的理論。由古典理論所盈育出來的政策，例如自由
放任，也同樣受到抨擊，認為對於逐漸增加的英國工
廠工人來說，這些政策對於貧窮生活與工作環境的改
善，很少有所協助。因此，這樣的時機對於像馬夏爾
這樣一位博學睿智之士的出現是完全成熟的，而使他
能於1867年起到1890年間從自行辛勤的工作中提出一
套供給與需要的分析的原理。

　　吉逢斯與馬夏爾是同時代的人物。他自認為已
將古典的價值理論摧毀了，並已建立了一種革新的經
濟理論，而匆促地將之公諸於世。但馬夏爾則將他的
觀念與他的學生及同仁相互切磋，超過了二十多年之
後，才以《經濟學原理》的形態將之呈現。正如凱恩

斯所說的：「吉逢斯看見壺中的水煮沸了，就像一個孩子那樣感到驚喜而大聲地叫喚起來。馬夏爾也看到壺中的水煮沸了，但他只是靜靜地坐下來，設法去製造一部機器。」（注2）

馬夏爾建立的分析機器反映出他的性格與他賴以成長的環境。他早年的宗教信仰後來以溫和的人道主義者的方式表現出來，他的內心激起對於貧窮者極為深切的關心以及一種樂觀的信念，認為經濟的研究可能會提出改善整個社會的方案。以他的學術修養，他自然熟識一些偏於歷史觀點的經濟學家所提出的批評。他們反對這種觀念，認為經濟理論是一套絕對的真理，可以適用於任何時間與任何地點。他在1885年就劍橋大學政治經濟學教授職時，曾在就職演說中對這種論調提出反駁。他說：「那些能宣稱自身具有普遍適用性的經濟理論並沒有什麼教條。它不是一套具體的真理，而是一部發現具體真理的機器。」（注3）

馬夏爾想要將他早年的數學訓練與他的歷史背景相結合，以建立一部研究的機器，能適合用於變動的時間。但鑒於彌爾於1848年時就草率地宣布價值理

論的研究已告終了，已有了結論，馬夏爾則認為自己對於經濟學的貢獻終將隨著新理論之迎合連續變動之社會的需要而成為過時的遺物。他同時也如上述知道吉逢斯對於古典的成本價值理論曾代之以一種新的理論，認為貨物的價值完全決定於需要面。他相信這種理論是完全正確的，對於這種理論他賦有創始權。馬夏爾當然也希望自己的理論是原創性的、是持續有效的，但他所求的是不但能為其他經濟學家，而且還為社會大眾，特別是其中的商人所瞭解。因此，儘管他在1870年就已開始想出他的理論之基本的數學結構，後來還發展出基礎的技術，將供給與需要的分析以圓線來表示，他還是要到1890年才將它印出來，而且那時還是將其中的數學與圖表放在注釋與附錄之中，因為懼怕放入正文中就會使一般大眾念不下去了。

　　從以上之所述中，可知馬夏爾是經濟學界中一位道地的自學者，他沒有名師的指導，完全依賴自己辛勤的摸索與探究，最後終於成為千古一見、造詣輝煌、最偉大的經濟學人物之一。現在更珍貴的是，人一旦真正走上自學以求進步的大道，就不知何

時其將真正終止。現也可再引一段馬夏爾的自白,以見一斑。下面這段話是他約在1923年為他的最後一本、後來的《貨幣、信用與商業》(*Money, Credit and Commerce*)所寫的序文中的一部分:

「大約在1867年(當時我主要是在劍橋教數學),Mansel的Bampton Lectures到了我的手裡,使我想起人自己之未來發展的可能性是應當研究的最重要的問題。因此我給我自己一些時間去研究形而上學,但不久就轉到看來似乎更為進步的心理學研究。關於人的才能如何得到更高層次與更迅速的發展,這樣一個迷人的大哉問就使我接觸到以下這個問題:英國(和其他各國)工人階級的生活情況距離豐富的人生境界有多遠?較年老的人與較聰明的人都告訴我需要研究政治經濟學。我接受他們的忠告……但我讀的經濟學愈多,因而所得到的知識如與我的需要對比起來卻愈少。現在我專門研究它差不多有半個世紀了,我感到自己對它的無知比開始研究時要多。」(注4)

如果馬夏爾的意思是對的話,那麼,這也許是經濟學能不斷進步的原因。不,不但如此,是所有各種

學科之所以能不斷進步的原因。我國自古以來不是常說「學而後知不足」嗎？誰能說自學不是一條自求長進的大道。

二、新古典的真諦

接著我們可以順便談談馬夏爾在經濟思想史上所屬的地位問題。他通常都被稱為是一位新古典的（neoclassical）經濟學家，這是一種標準的標幟，表示他一方面要保全古典傳統的用心；在另一方面又想要以新的觀念去刷新他們的思想。但是現有兩個不同的馬夏爾的形象：一個是他自己認為在思想史上所居的地位；另一個是由他人對他的思想所做的解釋而制定的。

先以後者說起，許多人差不多都認為馬夏爾的思想是將古典思想與吉逢斯以及奧國學派如孟格的思想加以妥協或折衷而成的。古典學派是以貨物製成的成本與供給為中心，而吉逢斯或孟格則以效用分析為中心，這也是馬夏爾的需要理論。馬夏爾本人則反對

這種解說法，這種說法有一部分是因為思想發表時間的先後差異所引起的，不是思想形成時間不同所引起的。這是由於馬夏爾總是慢於將自己的思想公開發表的緣故。雖然他認為自己應該感銘於李嘉圖與彌爾的貢獻，但他否認受到吉逢斯或孟格之著作的影響。他堅持他在經濟學上的祖師，除了古典學派外，只有法國經濟學家古諾（Cournot）與德國經濟學家杜寧（Thünen），不是吉逢斯或孟格。他讚揚古諾的需要分析與廠商分析，以及他論及人與人之間的經濟關係是相互依存的功能性關係，不是因果關係。他頌揚杜寧對於分析的貢獻，以及對於歸納法與演繹法的掌握，尤其是他的慈善的人道主義。

如果一個人接受馬夏爾經濟學之基本原理中原創性的思想以及其在發展上的獨立性，就不應該將他這種處理方式視為機械性的綜合。許多年來，許多人都認為他曾將亞當・斯密、馬爾薩斯、李嘉圖與彌爾的經濟學重新書寫，再度修復。以嚴格意義上說，他很難成為古典經濟學的批評者，因為他在古典理論中所讀到的基本上是好的部分要超過壞的部分，以其所提

出的新理論都是很有用的。在他的處理之下，古典學派的成本理論有了新的生命。

　　但這只是整個圖面的一半，需要分析同樣重要，正如奧國學派所已表達的那樣。因此，每一集團 —— 古典學派與奧國學派 —— 都只有結成一個整體的一半，自然就容易說馬夏爾是將古典的與奧國的理論綜合成為一個新的或者新古典的經濟學。將這兩個元素加以綜合是馬夏爾所為，這是無庸置疑的，但這應該可以視為他自己的邏輯的與分析的發展，不是一般所謂的折衷的綜合。在一封馬夏爾致美國經濟學家克拉克（John Bates Clark）的信中曾這樣表示：「在美國的批評中只有一點使我感到不快，儘管它不是出於惡意的，那就是認為我試將兩種思想分歧的派系加以『妥協』或『和解』。這種工作在我看來，只是表面上顯得華麗，實際上卻缺乏價值。真理是唯一值得保有的，不是和平。我從沒有對任何理論作過妥協。」（注5）

三、科目名稱的更改

馬夏爾在他的《經濟學原理》中第一句話就開宗明義地為經濟學下了一個廣博且有彈性的定義。他說：「政治經濟學，或者經濟學，是一種研究人類日常生活事務的學科，它審視個人的與社會的行動中，與幸福有關的物質必需品，其取得與使用關係最為密切的部分。」（注6）

這一定義之所以有趣的，同時也相當可議的，是他同時用了一個概念來表達兩個不同名稱的涵義：政治經濟學與經濟學。以他對經濟學所下的廣博定義論，他應該會希望採取含義廣博的「政治經濟學」這一名稱。馬夏爾同時使用兩個名稱，反映出當時經濟學界所面臨的方法論問題，政治經濟學這一名稱當時較經濟學被使用得多，表示經濟學與政治學是相關的，同時經濟學做為社會科學中的一門，表示它與規範判斷密切相關。

但是，凱恩斯的父親John Neville，也是馬夏爾的同事與友人，對於方法論問題的研究特別有興趣，在

1881年出版了一本《政治經濟學的範圍與方法》（*The Scope and Method of Political Economy*）。他在其中明顯地將經濟學分為三種：一種是實證經濟學（positive economics），認為經濟學是科學的一支；一種是規範經濟學（normative economics），要探究的問題是社會的目的究竟是些什麼；最後一種是技藝經濟學，或稱經濟學的技藝（art of economics），是要將實證經濟學的見識與規範經濟學所決定的目的連繫起來，以求其實現。凱恩斯父親的意思是，在討論實證部門時，「經濟學」或「經濟科學」（economic science）較「政治經濟學」為妥當，因為前兩個名稱強調經濟學是一種科學的本質。

　　馬夏爾則不像李嘉圖與彌爾那樣，他稱他的書為《經濟學原理》，而不稱之為「政治經濟學原理」，這是經濟學這一名稱第一次開始應用，自此以後大家都跟著使用了。馬夏爾這種更改之所以可議，是當時所有的經濟學家中，沒有一個像馬夏爾那樣所講的經濟學都是將之當作一種技藝來討論，不是當作科學來申述。馬夏爾之所以要這樣改，有人認為不外兩個

原因：第一、他要避免與馬克思學派的瓜葛，他們都是稱經濟學為政治經濟學的。第二、他要表示他在劍橋所論述的經濟學與其他各校的都相異，以便獨樹一幟。（注7）同時，又有人說他之所以要這樣改稱，是為了尊重實證的與規範的不同，認為經濟學是一種科學。（注8）

現在「經濟學」這一名稱已被普遍應用了一百二十多年了，但偶然也仍有「政治經濟學」之名號的出現，這從學術的觀點論畢竟不是一種正常的現象。因此，熊彼德教授則在其《經濟分析史》中做如下的敘述。

他首先將經濟學或「科學的」經濟學下了一個定義，他說對於經濟現象「運用歷史的、統計的與理論的技術加以分析所獲得之結論的總和，再加上它們幫助產生的結果，我稱之為『科學的』經濟學。」至於政治經濟學，他立刻就提出兩點：「第一、政治經濟學對不同的作者有不同的涵義，在有些場合，它的意思就是指現在一般所知道的經濟理論或『純粹』經濟學。因此，現在必須下一警告，為了正確解釋任何一

個作者所說的關於政治經濟學的範圍與方法，我們必須弄清楚他所說的是什麼意思。……第二、自從我們的科學或數門科學在17世紀時被一位不很重要的人物稱為政治經濟學以後，就表示我們的科學是專門研究國家的經濟，或者諸如此類的事務，也就是一種經濟性質的公共政策。」（注9）這也就是我們所說的經濟政策。關於經濟學的定名問題，就這樣解決了吧！

---

1. A. C. Pigou, ed., *Memorials of Alfred Marshall*, Kelley & Millman, Inc., New York, 1956, pp.412-413.

2. J. M. Keynes, "Alfred Marshall", *The Collected Writings of John Maynard Keynes, Vol. X, Essays in Biography*, The Royal Economic Society, p.185.

3. 同注1書，p.159。

4. 同注2書，p.171。經查該書的序之後，發現其中並無此段，這或者是因為當時出版的是該書的上半部，下半部則

因他年事日長，無法如願，可參閱該書 Macmillan & Co., Ltd, London, 1923, p. vi.

5. 同注1書，p.418。

6. Alfred Marshall, *Principles of Economics*, Macmillan and Co., Timited, London, 8th ed., 1938, p.1.

7. Harry Landreth and David C. Colander, *History of Economic Thought*, Honghton Mifflin, Boston, 1994, p.288.

8. Roger Backhouse, *A History of Modern Economic Analysis*, Basil Blackwell, New York, 1983, p.104.

9. J. A. Schumpeter, *History of Economic Analysis*, Oxford University Press, London, 1954, p.21.

第五章 | 研究方法論淺說

馬夏爾的學術訓練與背景，同時也反映在他對研究經濟的方法論上。他的數學能力使他充分瞭解數學在經濟學家手中做為工具的力量。他對歷史以及經濟歷史學家之作品的廣博閱讀，使他深信他們的研究方法的價值，以及他們對古典理論的攻擊的確定性與有效性。他體識到古典經濟學，特別是李嘉圖的經濟學的主要錯誤在於，它沒有認清社會是變動的。馬夏爾自己的方法論想要將理論的、數學的與歷史的綜合在一起。他知道有些經濟學家偏愛使用某種方法。他對此並不表示反對。對馬夏爾來說，使用不同的方法論並不表示有衝突、有矛盾或應該要反對，因為所有的經濟學家都在做同樣一件事。每種方法論對於它所研究的經濟運行都有特殊的見解，這樣自會增加我們對於經濟學的理識。

一、複雜的方法論問題

馬夏爾想要調解他當時的方法論的糾紛，結果卻引起了許多對他的誤會。德國與英國偏於經濟史研究

的經濟學家認為，他這種方法論過於抽象。在二十世紀對於他這種方法批評得最激烈的是美國經濟學家范伯倫（Thorstein Veblen, 1852-1929）以及隨其身後的一群制度學者。主張使用抽象的數學方法論的倡導者，則因為他對歷史方法的讚美，以及他關於理論與數學之限制的率直評論而感到不快。在1906年，馬夏爾寫了一封信給一位在經濟研究方面大量使用數學與統計學的朋友A. L. Bowley，對於抽象的數學研究法提出一個打擊其內心深處的評論。

「我已不能參與任何對你有用處的數理經濟學方面的工作了。我記得很清楚過去是如何的重視它，我現在已完全不讀數學了。事實上，我已忘記對許多事情是如何加以整合的了。

但是我知道近年來，我對於我做的這種課題有一種感覺日益強烈，那就是討論經濟假設的優良數學定理極不可能成為一種優良的經濟學。我日益遵奉下列規則：（1）使用數學做為速記符號，不是一種研究工具；（2）做好了就將之保存；（3）將之翻成為英文；（4）然後以實例來說明它們在實際生活中的重要性；

（5）將其中的數學燒掉；（6）如果你做不到（4），那就燒掉（3），這最後一步是我常常做的。」（注1）

馬夏爾的《經濟學原理》中包括上面的（3）與（4）兩項，不是以做為他的經濟學界同仁的方式而寫的，而是為了任何受過教育的讀者而寫。他的數學不是放在附註中，就是成為數學的附錄而印在後面。儘管馬夏爾盡量減少其中經濟學的專門術語，並對每一原理都以現時或過去的實際經濟經驗做為例證，但潛伏在下面的都是強烈、緊密而高度抽象的理論結構。

二、局部均衡分析法的提出

馬夏爾認為經濟研究是複雜而困難的，他所持的理由有二。一方面，每件事似乎都取決於另一件事，在整個經濟體系中，各個部分之間都有一種錯綜複雜的關係。在另一方面，「以人之有限的能力要從事經濟調查，是不能不分步逐漸進行的，這就需要時間。在這種情形之下，時間就成為經濟調查之所以困難的主要原因之一。」（注2）原因不一定會立即引起後果，

它們必須漸漸形成。但是，當一種原因，例如需要增加，使它的影響逐漸產生時，經濟社會中的其他變數也許可能會獨自變動（例如供給可能增加），因此，究竟那一後果由哪一原因所造成，極難以斷定。如果經濟學家可以使用物理科學實驗技術（這樣就可以保持所有影響力都不變，除了其中的一項以外），這一問題就不存在。但是因為經濟學家不能使用實驗室的方法，就必須使用替代的方法。馬夏爾在審慎發展基本思想體系時，就提出一種替代的辦法。

　　依據這一體系，因為經濟學家不能將社會中所有可能發生影響的變數都保持不變，他們就須作個假定。為了分析經濟中複雜的互相關係，我們就假設這些變動中有些保持不變（ceteris paribus, with other things being equal）。在任何分析開始時，許多元素都保持不變，但在分析進行中時，讓較多的元素變動，因而與實際情形比較接近。這種假定其他情形都不變的假設，可以讓複雜的問題得以分析，不過是以整個體系現實真相的簡化為代價。

　　馬夏爾第一個最重要的「其他情形都不變」技術

的使用，就是發展出「局部均衡」（partial equilibrium）分析。為了破解一個複雜問題，我們將要分析的那一部分經濟孤立起來，但不理會也不否認一個經濟中所有部分的相互關係，例如分析一個家戶或一個廠商與所有其他影響隔離起來後的行動。我們分析供需情形如何在一個已知的產業中決定某個價格，對於該產業與其他產業中之產品間複雜的、替代的、與互補的關係則完全不理。局部均衡方法的一種重要用法，是對一種已知的原因可能發生的影響提出第一次的短期狀況。因此，對於一些政策性的問題所發生的影響，例如關稅之課徵對於進口手錶的影響，就特別有用。簡單的供需分析可以在局部均衡方法運用之下預測這一政策立即可以產生的影響。馬夏爾的第一步是將一個問題限制在非常狹隘的局部均衡架構之中，將大部分的變動保持不變，然後將分析範圍逐漸擴大並准許其他情形可以變動。他的方法被稱為「一次變動一件事的方法」（one-thing-at-a-time）。

在經濟分析中，一種主要的困難是後果的形成要在原因發生的相當時間之後才會浮現。換言之，原因

要在發生相當時間之後才會產生影響。任何分析或者任何的結論，對於某種已知的原因在短期後果（影響）的解釋是對的，對於長期就可能是錯的。馬夏爾之對「其他情形不變」技術的使用，與他對時間長短之處理是相對應、相符合的。在市場時期，有時稱為立即時期或非常短期，許多因素保持不變，隨著時間延伸從短期、長期與永久時期（亦稱非常長期），被准許變動的常數就隨著日益增多。時間的延伸可以在相當的程度上影響需要，但它對於供給分析所造成的分裂則更為巨大。

　　為了處理時間問題，馬夏爾將之分為四個時期，他承認他的區分是純粹人為的，因為「自然對於經濟生活的經濟情況沒有這樣劃清。」（注3）馬夏爾的時間概念不是按年、月、日、鐘點多少而計算的，而是一種分析結構。不同時期的長短是按照經濟學上對於廠商與供給的解釋來區分的。

　　「**市場時期**」是這樣的短，其中的供給是固定的，或者完全無彈性。在這種情形之下，價格對於供給量沒有反射行動，因為時期太短了，廠商不能對價格變

動作出任何反應。

　　「**短期**」則是指，在這一時期中廠商能夠變動生產與供給，但不能改變工廠的大小。這裡就有反射行動，由於價格上升使供給量增加，供給曲線的斜坡度向右上方升（亦即斜率為正）。

　　在短期，廠商的總成本可分為兩個組成部分：一種是成本隨著產量的變動而變動，這種成本馬夏爾稱之為特別的、直接的或基源成本（prime cost）；第二種是成本不隨著產量而變動，這種成本馬夏爾稱為附加成本（supplementary cost），或現代課本常稱之為固定成本。這種在短期內將成本分為可變的與固定的兩種，顯然是出於馬夏爾對於商業世界的觀察，這在分析廠商的行動時就成為重要的分析工具。

　　在「**長期**」間，工廠的大小可以變動，所有的成本都成為變動成本。供給曲線在長期間的彈性要比短期時大，因為廠商能利用改變工廠大小對價格變動作充分的調整。產業的長期供給曲線普遍來說有三種形式：一種是它的斜坡能向上方與右上方升（成本可能增加）；另一種是它可以是完全彈性的（成本可能不

變）；最後一種是在不正常的情形之下，它的斜度是向下和向下右降（成本可能減少）。

至於「**永久時期**」或非常長期，由於技術與人口都可以變動，馬夏爾就以這種結構來表示當價格可以從一代變成另一代的情形。

很明顯的，馬夏爾的時期不是以年、月、日、鐘點來計算，而是用來表示廠商與產業的情況的。例如，在一個資本非常密集的產業，例如鋼鐵工業，其中工廠規模大小的變動只能逐漸進行，對於這種產業所謂「短期」如以年月日時來計算，對於一般工廠大小改變相當快的產業來說，可能是長期。雖然馬夏爾對於個體經濟學中所有各部門差不多都有貢獻，但他注意的焦點以及他最偉大的貢獻之源泉，是他的時間對供給之影響的分析。他發覺在價格分析中最主要的困難是在，決定時間究竟發生了多少影響。他在晚年時常表示要在這方面多花時間，但很可惜的是，他沒有達成他的願望。

三、從局部均衡到全面均衡

馬夏爾在《經濟學原理》第八版的序文中曾說：「經濟學家的聖地是經濟生物學（Economic Biology），不是在經濟動態學（Economic Dynamic），但生物學概念要比機械學的概念複雜得多，因此一本討論基礎的書必須給機械學的比喻相當大的空間。常常使用『均衡』這個名詞，這就呈現出靜態比喻的意味。……但事實上本書自始至終關注的是促成行動的各種力量：它的主調是動態學，不是靜態學。但以需要討論為數甚多，最好的辦法是每次只提出少數的幾種力量加以研討，提出一些局部的答案，做為我們主要研究的補助。於是，我們首先隔離某一特定商品之供給、需要與價格的基本關係，我們使用『其他情形不變』一語將所有其他力量減少到沒有行動的狀況。我們不是說它們是無行動能力的，而只是現在我們暫不理會它們的行動。」（注4）

「在第二個階段，更多的力量會在先前假寐狀態中解放出來，這些特別的商品集團的需要與供給情形開

始變動，它複雜的相互作用就開始顯現出來，動態問題的區域擴大，過去假設其處於靜態狀況變動較前為少了。最後終於到達了在一大群的不同生產要素之如何從事國民所得這一中心大問題。」（注5）這樣局部的靜態假設不過是做為動態觀察的輔助而用的。換言之，馬夏爾的研究是採用由局部的均衡分析而到達全面動態的方法。

　　馬夏爾所謂動態並非機械學動態，而是生物學的動態。在初步的研究階段，他雖然如上所述曾使用機械學的比喻法如靜態的假設，但隨著分析的進展，他放棄了這種方法，而專採用生物學的比喻法。他在〈經濟學上的機械學比喻法與生物學比喻法〉（Mechanical and Biological Analogies in Economics）一文中曾說：「以考慮需要與供給一詞為例，平衡（balance）或均衡（equilibrium）原來都是科學物理學中的名詞，後來轉到生物學上。在早期經濟學中，我們認為需要與供給是兩種彼此相壓的粗魯力量，而會趨於一種機械的均衡。但在後期，這種平衡或均衡就被視為不是兩種機械力量之間的，而是在生命與衰弱

的有機力量之間的。一個兒童每年都在強壯成長，但到了成年初期，他的活力就會喪失一些，到二十五歲也許已到達最強壯的時候，以後就要步入衰老了。同樣的，每年春天，樹木上都會長綠葉，一直到了茂盛程度，然後又會逐漸枯槁，而樹木本身則年年長大，到了極點後也會趨於衰弱。在這裡我們也可看到，各種商品或勞務的價值都會繞著各自的中心而搖動的生物學動態的比喻，這些搖動中心的本身也同樣在搖動中，只是它們的搖動時間要長一點。」（注6）

最後馬夏爾在該文中作結論似地說出最後兩句話：「在經濟學研究愈進步的時期，需要與供給的平衡或均衡會愈含有這種生物學的語氣。經濟學家的聖地是在經濟生物學，不在經濟動態學。」（注7）

我們知道，馬夏爾富有濃厚的現實主義意識，他因此體認到他的經濟學只是在追求無盡止的真理中的一個環節，這種連續性的鏈子將他自己的思想與過去的傳統連接起來，而不斷地向前發展。他相信，到了相當時候，他自己的思想也因為它們侷限於它們的時代與環境，會像過去的一樣地受到修正與改進。正因

為他對自己的經濟學思想有這種侷限性的關係，他在從事研究時自然是會採取局部均衡的分析方法，而放棄全面均衡（general equilibrium）的方法。

　　但是，儘管馬夏爾之現實主義的意識使他放棄全面均衡的分析方法，他並不認為他所倡導的局部均衡分析方法是理想的。在從事這種分析時，機械性的比喻可能是瞭解現況的第一步。但是他希望最後會放棄這種方法，而改採新的方法，是一種與生物學相同而不是機械學的方法，其中經濟變數的行為可以用演化的變動與成長來解釋。

1.　A. C. Pigou, ed., *Memorials of Alfred Marshall*, Kelley & Millman, Inc., New York, NY, 1956, p. 427.

2.　Alfred Marshall, *Principles of Economics*, Macmillan and Co., London, 8th ed, 1920, p. 366.

3.　同上注書，p. 378。

4.   同上注書，p. XIV。

5.   同上注書，p. XV。

6.   同注 1 書，p. 318。

7.   同上注。

第六章 論需要與供給

　　「經濟學原理」現在已是一個很普通的經濟學教科書的名稱，市場上不知有多少經濟學者用同樣名稱寫出他們對於這門學科的瞭解，著作成書銷售。但是，在1890年以前，世界上並沒有這一名稱的書籍。那時這類書籍一般都稱之為「政治經濟學」，是馬夏爾在1890年才將其中的前兩字「政治」省掉了，他也因寫了這本書而享大名，最後成為世界上偉大經濟學家之一。接著，除了少數仍堅持原來的名稱，其他絕大多數的經濟學者都跟著馬夏爾這樣稱呼這門學科了。那麼，這本原始的《經濟學原理》的要義又何在呢？對此，知道的人就不太多了。現在筆者就想對此做一點補充工作，敬請讀者指教。

一、馬夏爾交叉線

　　談到馬夏爾經濟理論體系的要義，最簡單的辦法是從「馬夏爾交叉線」（Marshallian Cross）這一概念的解釋入手。我們知道，大約在19世紀最後25年間，經濟學家對於決定貨物價格之需要與供給兩者的相對重

要性有不同的看法，也就是對於貨物價值大小的決定
有不同的理論。

　　古典學派經濟學家就如約翰‧彌爾在其《政治經
濟學原理》中所說，偏重於供給這方面的因素，但吉
逢斯、孟格與華爾拉則偏重於需要這一方面的因素，
而吉逢斯與其他一部分人員甚至認為價格是完全由需
要所決定的。這場紛爭對於馬夏爾之相對價格理論的
內容與形式有多少影響是難以估計的。他說他自己關
於價值與分配的意見主要早在1870年以前就已形成，
但卻認為「如果他自己就這樣認定對它有任何創始權
是愚蠢的。」（注1）

　　馬夏爾始終以有人批評他是將古典的與邊際效用
派的學說加以協調而感到煩惱。他說他所追求的是真
理，不是和平。不但如此，他的供給與需要分析早在
吉逢斯、孟格與華爾拉開始撰述這一問題之前就已擬
定。

　　馬夏爾相信，時間影響的正確瞭解與各種經濟變
數之相互關係的明悉，可以解決究竟是生產成本還是
貨物效用決定價格的糾紛。在這裡，馬夏爾以圖形來

說明這個道理，在沒有利用這種圖形之前，自應將他所利用圖形是如何畫出的略加敘述如下：

他利用的就是一般所謂的二度空間的平面圖。其中有二條相互垂直的兩軸，兩軸相交點為原點，表示兩軸的起點。這樣這張圖上就劃分為四個象限，在右上方的稱為第一象限，兩軸均為正值。為經濟學上最常用的圖形，因為經濟變動大多是正值，在左下方的兩軸都是負值，為第三象限。其他二個象限的意義可以類推，以省篇幅。

現在轉回來，我們這時在這裡要使用的圖形。對所需之貨物的需要曲線是一條向右下方傾斜的線，也就是它的斜率（slope）為一負數，稱為負斜率。這是因為購買者在價格低時會多買。供給曲線則為一條向右上方盤升的線，也就是它的斜率為一正值，稱為正斜率。它的斜率究竟幾何則視分析時期的長短而決定，時期愈短，需要決定價格的功能愈重要；時期愈長，供給決定價格的功能愈重要。在長期間，如果成本維持不變下去，供給可以長期維持下去，價格完全決定於生產增加的數量。不過，一般地說，辯論需要

還是供給決定價格是沒有結果的。馬夏爾這時利用下列的比喻來表示原因的發生不是一件簡單的事，任何想求出一個單獨原因的企圖是一定要失敗的。

「像價值究竟是效用所產生的還是生產成本所產生的一樣，我們可以辯論一把剪刀在剪紙時是居於上面的那張刀片在剪，還是居於下面的那張刀片在剪。這是確實的，當一張刀片保持穩定不動，剪紙的功能是由另一張刀片的移動而發揮，我們可以粗略地說紙是第二張刀片在剪；但這種說法不是真正準確的，只是大眾都這樣說而被接受了，不是當時發生的情況之真正嚴格科學的說明。」（注2）

從以上的敘述中，可知所謂「馬夏爾交叉線」是一張由需要與供給兩條曲線所構成的圖形。這兩條曲線就成為馬夏爾思想體系得以建立的兩根支柱，也成為瞭解馬夏爾思想體系的兩個分析工具。現在我們可以分別對此加以解釋，以增進我們的瞭解。

二、需要分析

馬夏爾寫到他的《原理》第二篇時，就以欲望與我們的滿足或者需要與消費做為分析的主題。他在這時寫出了他自己對於效用遞減律（law of diminishing utility）這一概念的定義：

「……一個人從他的貨物數量之增加中所增的利益隨著其原有貨物數量之每一增加而減少……那筆正值得他購買的貨物稱為他的邊際購買（marginal purchase），因為他正在考慮是否值得他花錢去購買那筆貨物。他的邊際購買的效用可稱之為這物對他的邊際效用。」（注3）

這樣馬夏爾就設定了將需要轉變成為價格的必須條件。這一價格可稱為需要價格，對最後購得的那一項目所付的價格就可稱之為邊際需要價格。這須牢記在腦中，因為談到供給價格時也要運用同樣的推理。他就能由而作出一張描述所需之一系列的（list）數量與購買者所願付出的價格表（schedule）。因此，與馬夏爾談需要的增加或減少時，他的意思是指「通過整

個一系列之價格的增加（或減少），一個人願意購買不同的貨物數量。」這就產生了他的一條需要的一般定律 —— 出售的數量愈大，為了找到購買者而提出的價格就須愈小，或者換句話說，價格下降，需要數量就增，價格上漲，需要數量就減少。（注4）這是人人熟知的「出售貨物數量與貨物的價格成反比」。

馬夏爾是第一位將購買彈性（elasticity of purchase）與價格的概念相連起來討論問題的經濟學家。所謂「彈性」是因貨物價格上的變動會引起貨物數量的變動，這種變動的大小就稱為彈性。由於這種變動是因價格變動所引起的，所以也稱之為價格彈性。具體地說，這種彈性的大小可自數量上所發生變動的百分率而得到。由於我們這裡此時所討論的是對貨物之需要方面的情形，所以就稱之為需要彈性。馬夏爾就利用圖形將各種彈性的發生情形做大略的分析。

與此相關的，他利用價格與效用的關係，提出一個消費者剩餘（consumer's surplus）的概念。這個概念就是：「為了一件貨物，他（消費者）寧願付出超過他實際付出的價格，而不願放棄它，這超額的價格是這

種剩餘之滿足的經濟測度，可稱消費者的剩餘。」（注
5）他利用食鹽、火柴以及其他價格通常都遠低於人們
願意支付而不願沒有它們的貨物做為例證來說明這種
情形。這是一個很有用的概念，以解釋一件沒有消費
者剩餘的貨物的邊際效用，與所有在此邊際單位被消
費之前所有貨物所獲的效用的差異。以後遇到生產者
的剩餘這一概念時，這一概念同樣可以使用，這是須
切記的。

三、供給分析

馬夏爾《經濟學原理》第四篇討論生產要素：土
地、勞動、資本與管理。在這裡他提出供給價格的概
念，它與需要價格一樣，有一專門技術性的意義：「正
如一年間或其他任何已知的時間，為了吸引購買者購
買任何數量的貨物必須定出一個價格，這種價格稱為
需要價格，因此，為了要使人願意產出一件貨物也須
有一個供給價格。」（注6）馬夏爾也再次在《經濟學
原理》第五篇中說，生產的費用決定生產供給價格。

（注7）在考慮有些貨物與生產要素的供給價格時，會遇到一些事前的困難。不過，在解釋貨物固定的供給彈性與變動彈性時，時間的長短是有幫助而且必須的。但是，土地的供給是固定的，是無法控制的，它沒有生產成本，或者無法得到一個生產成本，因此，「土地沒有供給價格可由而予以生產。」（注8）馬夏爾承認報酬趨於遞減定律（law of tendency to Diminishing Return）是存在的，這一定律的意思是「使用資本與勞動於土地之耕種上的增加，一般在產量上只有少於比例的增加。」（注9）在這一篇中還討論到人口的增加以及其問題。在這篇的最後一章還提出「代表廠商」（representative firm）的概念。

「代表廠商」這個概念是為了分析貨物供給價格而設的。這裡要分析的問題是一物之生產的正常成本與該物之生產總量的關係。為了這一問題，代表廠商就設定為那一產量的「代表生產者」（representative producer）。很顯然的，這不可能是一家正進入或正在努力設法進入這一產業的新廠商，它可能還要相當時間以後才有利潤可得。也不可能是一家大規模的老廠

商，已有龐大的組織健全的工廠在操作，使它所居之優勢差不多超越所有的敵手。他描述他的代表廠商是「一家已有相當長的生命，經營相當成功，是有具備正常能力的人員管理的，同時也能正常利用由於生產總量所造成的內部與外部經濟的廠商。」（注10）後來他又說：「代表廠商的費用由於有相當能力的人員管理，能享有大規模生產的內部與外部經濟，可視為估計生產之正常費用的標準。」（注11）

在這裡我們可以將上述之「能享有大規模生產的內部與外部經濟」中的內部經濟與外部經濟二詞略做解釋。所謂內部經濟，就是由於生產規模龐大以後，可以產出一些經濟利益的關係。先說所謂生產規模擴大，這就是表示在生產過程所使用的生產要素數量增加的意思。在這種情形之下，生產的收益可以獲致增加，這種增加稱為內部經濟，其所以會產生這種情形約有五種原因：

第一、在資本設備方面，從事大規模生產的工廠有能力購買較精良的機器，同時又能將之充分利用。不像小規模生產的工廠那樣，一方面因無力購買比較

精良的機器，另一方面也因為規模太小無法加以充分利用，結果只有任之處於閒散。

第二、從事大規模生產時，在生產技術方面亦易於進行細密的分工，因而提高了生產效率。同時，在生產方法的使用方面亦易於採取優良者。例如：效率較高的所謂裝配線（assembly line）的方法。

第三、在管理方面，由於大規模生產之進行，自可使各種管理人員充分發揮其效率。譬如說，現在一個工頭可以管理20個工人。過去由於規模小，所須產的工人尚不到十位，但仍須產一位工頭。現在規模擴大了，工人自須增加，但只要增加後不超越20人，工頭則仍只須屬一位。

第四、在副產物的利用方面，從事大規模生產的機構亦可發揮其優點。例如：大規模的罐頭肉品公司就可利用獸骨、牛皮、牛毛等副產品以製成各種有用的產品，或將之出售。如係小規模的，則因這些留下來的副產品數量有限，自不值得去加以利用，最後只得當作廢物而拋棄。

第五、在原料採購與產品推銷方面，從事大規模

生產的機構亦有許多便利。因為大量採購，價格較便宜，而大量推銷則費用亦較少。

至於外部經濟亦可略加說明如下：一般地說，任何一種行動，不論是生產、交易或消費，除了對採取這一行動的人會直接發生一些利益外，還會間接地對其他沒有採取這一行動的人也發生一些利益，但這些利益卻沒有在市價中反映出來，這些利益就稱之為外部經濟。例如：防疫針的注射，對於被注射的人，當可直接產生防疫的利益，這就是私人利益。但沒有注射的人也會因而減少了被這種疫症傳染的機會，這是間接接受利益，這種利益就是外部經濟。

---

1. Alfred Marshall, *Principles of Economics*, Macmillan and Co., Ltd., London, 8th ed., 1938, p.418.

2. 同上注書，p.348。

3. 同上注書，p.93。

4.　同上注書，p.99。

5.　同上注書，p.124。

6.　同上注書，p.142。

7.　同上注書，p.339。

8.　同上注書，p.145。

9.　同上注書，p.150。

10.　同上注書，p.317。

11.　同上注書，p.497。

第七章　均衡分析

一、市場

　　馬夏爾最好的推理工作是在他的《經濟學原理》第五篇中所表達的。這篇的標題是「需要、供給與價值」。在這一分析中，第一項就是在當時的現代意識中的市場，它不是早期之當地的一個會合，而是一個高度組織的場所，其中供給與需要雙方都很活躍，價格是立即決定的。隨著較新交通工具的出現，市場可以是如社區般狹小，也可以像世界般廣闊，因此，在市場中，貨物在交換的時候，供給與需要是處於暫時的均衡。如果雙方意見一致，一個價格立刻就可成立，如果不一致，另一個價格也會出現。不論情況如何，只要市場中的供給與需要能獲得暫時的相等，價格就會在當時的情況之下產生而成一日的行情。時間假定是這樣的短促，價格一經決定就可符合當時已有數量的推銷，而無法有所增加。

　　在該篇第三章討論「正常的需要與供給的均衡」時，馬夏爾又提到供給價格與需要價鉻。在供給價格中，他包括「所有各種不同勞動的努力，……再

加上儲蓄用於製造貨物的資本所要忍受的節制與等待，……所有這些可稱為貨物生產的真實成本，或簡稱之為生產費用。」（注1）這樣供給價格是在某一時間市場中一種貨物之生產要素成本的總和。

在這一時會，馬夏爾提出他為人所周知的「替代原則」（principle of substitution），指出一個事實，那就是生產者只要可能，就會以費用較少的生產要素或生產方法去替代費用較多的。因此，一種生產要素只要有替代要素就可使它的供給彈性較大。他說：「這一原則被應用到所有的經濟研究部門。」（注2）

亞當・斯密的學生們都熟知，他假設自由競爭。馬夏爾也假設供給與需要的力量都可以自由運行，購買者或銷售者雙方都沒有緊密的結合，雙方對於價格都有充足的資訊，因此價格不會太高，也不會太低，而居於均衡的水準。這樣市場中在某一時期就只有一個價格，當生產的數量沒有增加或減少的趨勢時（注3），需要價格與供給價格就處於均衡的狀態。在生產數量之間保持平衡時的產量，他稱之為均衡產量，這些產物出售的價格，他稱之為均衡價格。當這種情形

存在時，這種均衡是穩定的。

現在這裡可先說明這類均衡有二種：一為穩定的均衡（stable equilibrium），另一為不穩定的均衡（unstable equilibrium）。所謂穩定的均衡，是指這種均衡到達了就產生了一些力量，可以將市場立即回復到原來的均衡局面。所謂不穩定的均衡是：如果價格或數量到達它們的均衡價值，它們可以維持下去，但是如果這種情勢被打破了，它就不能再回到原來的均衡價值。

現在可以一顆雞蛋為例來說明這種區別。一顆橫臥的雞蛋是在穩定的均衡中，如果這種局勢被打破了，不久以後它就會回到原來的位置而不變。但是一顆豎立的雞蛋則可在不穩定的均衡中，如果這種局勢不受到任何干擾，它可以維持下去，但是如果這種局勢被打破了就永不能回到原來的均衡。

二、均衡

但「穩定」不是「靜態」。如果一物之需要價格大

於供給價格，生產的數量趨於增加，這種情形不久以後會引起新的均衡價格的建立。換言之，當任何破壞生產的均衡數量的事件發生時，各種力量就會立刻發生作用，使均衡的數量與價格得以恢復。這就是上面提到的是處於穩定均衡的原故。這些使均衡得以恢復的力量很少是有節奏的，而是在強度與耐力上都是不均勻的。在這種情形之下，時間是否可以確認這些基本上影響需要表與供給表的變動之發生，而後又有新的均衡價格之出現，就變得重要。市場價格與正常價格都是均衡價格，分別代表短期與長期的因素。

馬夏爾表示，當貨物已製成而在等待推銷時，價格的高低就受消費者的欲望以及他能為此而支出的能力，或消費者的有效需要的影響。如果需要價格低於期望得到的價格，或者低於該物的生產成本，或者它的供給價格，那就是銷售者的不幸。這時生產成本對於價格只發生細微的影響，或者根本沒有發生影響。如果這一價格應該存在，那麼貨物的銷售價格至少應不少於它們的生產成本，否則這些貨物就不會生產。經過幾種可能的假設的結合考慮之後，他的結論是：

「這是一般的規則，我們考慮的時期愈短，我們就愈應注意需要對於價值之影響：時期愈長，生產成本對於價值的影響就愈重要。」（注4）實際的市場價值或價格會受短期因素的影響，但在長期間，「一陣陣的、不規則的」原因大部分可以相互抵銷，「持久的原因完全控制了價值。」（注5）

同樣的，在某一市場中，消費者的有效需要對價格有決定的作用。如果這一價格存在而生產者不能賺回成本，他不久就會被迫停止生產，這種情形就如供給缺乏的結果一樣會引起需要價格上升，最後會促成貨物的生產會達到超過成本的收入。這可能引誘一個或許多生產者增加生產，結果又創造一種不均衡，這種不均衡只有經過供給價格與需要價格因素共同的新的調整才能改正。但是，在長期間，價格趨於在一個通常稱為正常或自然價格的狹隘範圍內變動，這一般都趨於等於生產成本。這種馬夏爾的均衡通常都稱為局部均衡，它假定貨幣的購買力以及其他貨物的價格都不變。

馬夏爾採用所謂的靜止狀態的虛構（fiction of a

Stationary State），其中沒有時間的元素，供給與需要的一般情況是沒有多少影響，生產、消費與交易正像人口那樣都保持不變。廠商，特別是代表廠商，維持同一大小，沒有內部經濟與外部經濟的產生等等。在這種狀態下，生產成本控制價值，需要由於是保持不變，也沒有發生重大的影響。一般商業也沒有不景氣的與興旺的時節，同時正常的供給價格永遠保持穩定。但是「在我們生活的世界裡」，這些都不是事實，其中沒有什麼是永恆的或正常的，只有變化。因此，生產數量、方法、成本與需要上的變動總是相互影響，「沒有兩種影響是相同的。」（注6）

變化不斷發生，經濟學家所面臨的問題因此更複雜。馬夏爾警告我們：「因此，在這一世界中，有關生產成本、需要與價值之間關係的每一簡明的學說必定是虛假的。在技巧的說明之下，表面上顯得愈清晰的，實際上則為害更甚。一個人如能相信他的常識與實際的本能，恐怕要比他想要研究價值理論以求問題之解決更能成為一位較好的經濟學家。」（注7）

三、邊際

任何生物的生產都需要各種生產要素的不同配合。每種生產要素的正確數量乃取決於替代品的有無以及其可以使用的範圍。生產者為製造該物所付價格的總量假定可以到達最低程度。當應用到這一貨物的特定單位時，自可能將其所使用之各種生產要素的淨成本算出，最後當可得到製造每一單位貨物所需花的淨成本。馬夏爾於是就說：「生產商會盡力使用每一生產要素到達邊際的境界，在這一境界，它的淨產量（對於他的生產總量之價值的淨增加）不再超過他付給這一要素的價格。」（注8）換言之，在這一點上，淨產量的價值與淨產量的成本相等。

馬夏爾在他的《原理》中關於邊際的討論值得特別重視。他關心的是處於需要與供給背後的一般情況，把這種情況當作一個整體來看是同樣重要的，但沒有生產達到像上述之邊際境界就不是特別重要。供給總量與需要總量代表一般情況是價值或價格不可缺少的條件，但是最後的價值或價格乃決定於邊際的

情況。這反映在所有在生產中使用的最後的邊際成本
（邊際的供給價格）以及貨物的邊際需要價格。

　　他說：「（生產要素）的邊際使用並不控制價值，
因為它們本身與價值都是受那些一般關係所控制的。」
（注9）

　　同樣用於他的邊際成本與農產品價值的分析，可
以在該書第五篇第十章中找到。他說：「貨物種植的
數量與耕種的邊際（也就是資本與勞動使用於良好的
與不良的土地所獲得的利潤相同的邊際）都受需要與
供給的一般情況所控制。它們一方面受需要所控制，
這就是說，受消費這一產品之人口數量、他們需要這
一產品的強度、他們交付這一產品的手段多寡等的控
制，另一方面也受供給所控制，這就是受可耕種土地
的範圍與肥沃程度，以及準備耕種者的人數與資源數
量的控制。因此，生產成本、需要的熱烈程度、生產
的邊際，與產品的價格相互控制。」（注10）

　　從以上的討論中，這是可以確定的，馬夏爾要將
產品之價格置於焦點之所在，在供給方面依賴於邊際
成本，在需要方面則依賴於邊際效用，邊際單位的成

本以及由將之銷售所獲的收益自會處於相等，這樣處
於每一要素背後的一般情況都處於焦點位置。供給、
需要與價格這三個相互依存的因素就集中於這一點。
每個項目都是相互決定的，正如認為供給與需要決定
了價格是正確的，價格決定了供給與需要的數量也是
正確的。在長期的與短期的均衡中，這三個元素都在
活動，不論多少，它們都受到變動的情況所影響。因
此，馬夏爾的理論利用了古典經濟學家所發展而成的
生產成本的分析，但並不完全像古典經濟學家那樣的
嚴格認定是勞動成本。他也不像奧國學派那樣認為需
要是價值的唯一因素。他認為兩者在價值決定過程中
都是共同的因素，他就在這一原則之下建立了馬夏爾
的或新古典的最基本的原理。

---

1. Alfred Marshall, *Principles of Economics*, Macmillan and Co.,
    Ltd., London, 8th ed., 1938, pp.338~339。

2. 同上注書，p.341。

3. 同上注書，p.345。

4. 同上注書，p.349。

5. 同上注書，p.350。

6. 同上注書，p.368。

7. 同上注書，p.318。

8. 同上注書，p.406。

9. 同上注書，p.410。

10. 同上注書，p.427。

第八章　生產理論

一、兩個主要問題

新古典的生產理論要解答的主要有兩個問題：一為研討任何生產者對於生產要素的結合採取何種方式，另一為當市場情況變動時，生產者將會採取何種方式予以調整。

對於第一個問題的處理自可利用現在已經考慮過的分析工具予以協助。每個商界人士都可以視為一個理性的計算者，都會去追求他們最大的賺額。只要競爭情況存在，他們就無力影響他們的產物價格。因此，求利潤之最多的目的就成為求成本之最少的企劃。技術上，各種生產要素之可能的不同組合都有一些是可以達到任何想要達成的產量的。理性的經理自然會選擇其中成本最低的組合。這些規則都是很簡單的。

但是，第二個問題是分析生產者對於市場情況變動的反應，這則要複雜得多。特別的是這已成為一個時間的問題，馬夏爾曾說時間問題是「研究經濟面臨困難的一個主要原因，由於人的才力有限，必須採取

逐步進行的方式，將一個複雜問題打開。一時只能研究其中的一點，到了最後將他的局部的解答結合在一起，大概可成為整個難題的全部解答。」（注1）解除這場混亂狀態的工作包含著馬夏爾所假設之「其他情況不變」中所發生的些微影響的分解。

　　就馬夏爾所要達成的目的論，他將時期分為三種：第一是他所謂的「市場時期」，這一時期太短，生產者無法在價格變動之下在產量上作出任何的調整。第二是他稱為「短期」。這時讓生產者以改變工廠利用強度的方式，去對付因價格變化應在產量作出的相應變化，例如僱用更多的工人（或延長現有工人的工作時間）或使用更多的原料。這些措施都可使產量因需要的增加而增加。不過，這種調整可能會同時引起邊際成本的增加，如果需要的增加能長期維持下去，為了減少成本的增加，這也許值得廠商擴展它的規模，以增加生產能力。但要這種調整能夠實現，所需的時間就須更長，馬夏爾稱此為「長期」。

　　這種對於經濟時間長短的劃分性質在此必須略加說明。初看起來，這與古典經濟學家所說的時間觀念

完全相同，但實際上兩者之間是有差別的。古典作者所感興趣的是歷史變化，馬夏爾所說的時間差異是邏輯上的不同，與日曆上的時間的變動並不相涉。如果要問馬夏爾長期的確實長度，他會答以所謂「長期」是長到足以讓廠商將其工廠規模從符合原來的市場均衡，調整到符合原來的市場均衡被打破後的新的市場均衡所需的時間。在實際的場合，這一時期的長短要看廠商與產業而定。一家煉鋼廠的長期與一家街頭上的理髮店的長期是迥然而異的。

關於經濟時間上之長短，這些邏輯上的區別為一套新的有趣的理論上的可能性啟開了一扇大門。儘管如此，在長期間，這是可以想像的 —— 當工廠規模可以改變與所有生產性的要素利用都可以變動 —— 幾種有關成本多少的層次是可以隨著產生的。例如規模的變化可能與單位成本遞增、遞減或不變同時發生。最有趣的案例是其中的平均成本隨著工廠規模的擴大而遞減，這種情形被描述為「規模報酬遞增」（increasing returns to scale）。

大致說來，古典經濟學家曾預期「規模報酬不變」

是常態。換言之，個別生產單位的大小對於平均成本沒有影響。他們對於經濟大小的成長在生產力之利得的增加當然很注意，但這種規模影響與新古典經濟學家對於個別企業的關切是相當不同的。

對於馬夏爾論，隨著高級技術的應用而來的規模報酬遞增帶來了一個困窘問題。經濟規模隱含著這樣一種意思，那就是一小群的大型生產者能以較低的單位成本生產一大群小廠商所生產的同量的貨品。這樣競爭市場的一個前提就被推翻了，那就是生產同量貨品的廠商數量可以大到足以抵消任何個別銷售者的市場力量。龐大的本身的確可能侵蝕競爭市場的基礎，威脅它的生存。但就馬夏爾論，他是想建立一種分析，其中競爭的均衡模型的要點能夠保全，儘管這種方法對於模型的現實性造成疑慮。現在，我們可以看看他是如何從這方面去努力。

二、兩種市場形態

在他所有的著作中都混合著兩個馬夏爾：一個是

抽象的理論家；另一個是實務的觀察者。這種雙重性在他討論市場結構與競爭歷程中最為顯著。

做為一個正式的理論家，馬夏爾看到了隱藏在具有龐大市場力量的大型生產單位的成長中競爭局勢所面臨的潛在危機。但是，身為一位實際事件的觀察者，他認為其間有一些因素可以使這種集中情態所引發的社會與經濟的影響趨於減輕。馬夏爾特別指出，當分析上的整齊性與描述上的混雜性似乎是相互抵觸時，一般的觀察常居上風。理論可能是必需的，但它同時也有缺失。沒有一種理論結構能包含「實際生活的所有情況」，因為這樣「問題就太繁重了，難以處理」。但是他怕如果只選少數幾個層面加以研究，則「關於它們的冗長而微妙的推理就會變成為一些神學的玩具，而不能成為解決實際工作的機器。」（注2）

在描述方面，馬夏爾將市場結構分為兩種：一種是他稱之為特殊（special）市場，其中個別的廠商大部分可以獨立操作，不受直接競爭者的影響，而這種情形的發生，可以是由於所處的地區的孤立。另一種是普通（general）市場，特殊市場就受到這種形態較大、

融通較多的普通市場的包圍。馬夏爾之所以提出這種區分，是想要將商業行為的世界與一個以分析為必需的有效競爭模型相協調。

　　馬夏爾想將他的競爭計畫從收益遞增的技術威脅中搶救出來，而他的戰略同時也建立在關於產業性質的預知上 —— 其中最重要的是他認為廠商可視為一個生物機體的見解。兩者都有一個生命循環，其中包括擴展時期（同時也許包括一個豐盛極強的時期）與衰竭、敗落，最後乃至死亡的時期。商務企業的所有權與控制權也許可以傳授給後代，但當它處於動態時節所賦有的活力卻是不會遺傳下去的。馬夏爾對於這種情形曾作如下的描述：

　　「自然對於私有企業仍有壓力，可以通過對它的原始創立者之生命的限制，以及對於他們保有青春活力的那一部分的生命施以更狹隘的限制。因此，過了一段時間以後，企業的領導就落到另一群精力與創造天才都較差的人手中，如果不是對於它的繁榮的追求並沒有減少興趣，如果它變成一個股份有限公司，它可能保持勞動、專門技術與機器之分工的利益，它甚至

還可增加他們以更多的資本，並在有利的情形之下，它可能在生產工作上獲得永久的卓著地位，但也可能會喪失許多它的彈性與進步力量，使它與較年輕、較少數的競爭者較量時，不能獨享這些利益。」（注3）

這些「自然」因素不是唯一限制廠商成長與運用市場力量的因素。「特殊」市場的形成中還是有一些獨特的權利，只有特殊市場中的廠商可以享受，其他廠商是要受限制的。馬夏爾堅持這些利益無法以擴展廠商而保留。在這方面，他曾這樣說：

「許多報酬遞增的趨勢很強的商品，多多少少是些特產品：其中有些是在創造一種新欲望，或者是在以新方法去滿足一種舊欲望，它們中有些則在適應特別的偏好，永不會有一個非常大的市場，再有一些則其優點不易試出，必須慢慢地才能贏得普遍的愛好。在所有這種情形之下，每種企業的銷售都有限，多多少少都視環境的差異而局限於一個逐漸形成的費錢獲得的特別市場，儘管它自己的生產可能會在經濟上增加得很快，推銷則不能。」（注4）

或者正如馬夏爾再度強調這一點：「有很多行業，

其中一個生產者能藉著大量增加生產而獲得了大量的『內部』經濟，同時其中也有許多能將其產出輕易地推銷出去，但是要同時在這兩方面都能做到的，為數很少，這不是一種偶然現象，反而差不多是必然的後果。」（注5）一家廠商的擴展要超越它的特殊市場時，也同時會遇到它的勁敵的競爭。它過去所享受的市場保護會隨著「普通」市場中生產者檢視它的經濟權力而喪失。

三、樂觀的結論

這些考慮導引馬夏爾獲得一個樂觀的結論，認為規模經濟不會成為維持競爭態勢的一個嚴峻阻礙。使廠商享受有限度市場權力的因素（如特殊市場的存在），也同樣會限制它無法坐擁龐大的市場權力。純粹從理論方面考慮，可以產生一種相當不同的結論。馬夏爾則要大家小心，不可完全以先驗的推理做為判斷事物的依據，而主張「將每個重要的案例，在主要的一般性推論的指引之下，當作一個獨立問題來處理。

若想要擴大一般性定理的直接應用，使它們適用於妥善解決所有的困難，結果將會使這些定理笨重而累贅，以致對它們的主要工作很少有所獻替。經濟學的『原理』必須對研究生活問題有所指引，而不是用來替代獨立研究與思考。」（注6）

馬夏爾並不準備以放棄對現實的接觸為代價，換得在理論分析上的嚴峻立場，實際上他對於商業行為的制度體識不是沒有缺失的。例如，他所提出的對於廠商擴展的約制，在19世紀末葉與20世紀初期的英國也許是有效的，但到了現代公司出現以後，他的廠商生命循環的觀念，就顯得不切實際。在這種公司組織中，管理權與所有權大都已經分開。這樣一來就創立了一個幾乎可以繼續不朽的生存權力。

同時，馬夏爾關於大眾市場之生產理論亦已不很適切。他腦海中所構想的「特殊」市場是建立在愛德華時代（Edwardian）的顧客（custom）品味的基礎上。當英國在愛德華皇朝時代，一般人的消費往往與其在社會上所享受的身分地位配合。到了現代大眾消費（mass consumption）的時代，一般人的消費與其在

社會上的身分地位已少有關聯。換言之，各人所用的消費品的差異有限，每種消費品的產量則很大，而同業界的競爭亦強，小型廠商自然亦因而得到生存空間。

馬夏爾對於廠商理論的研究留下了雙重遺產。他有一部分的分析已成為正式模型，詳盡描述完全競爭市場的廠商所促成的一套均衡情況。另一部分則為「可行性競爭」（workable competition）理論創備了一個跳板，使其能靈活地運行，也就是說，在一個不為眾多的小廠商所操縱的市場結構中，完全競爭制度的重要結果仍可產生。

---

1. Alfred Marshall, *Principles of Economics*, Macmillan and Co., Ltd., London, 8th edition, 1938, p.366.

2. 同上注書，pp.460~461。

3. 同上注書，pp.316。

4. 同上注書，pp.287。

5. 同上注書，pp.286。

6. 同上注書，pp.459。

第九章　分配理論

一、分配理論的要點

　　馬夏爾一直在追尋一種普遍通用的價值或價格定律，不但可以應用於一種貨物的訂價，而且還可應用於生產要素方面。除了土地外，每種生產要素都有一個需要表與供給表。除非是在新興國家可能有例外，土地沒有供給價格，因此沒有那種應用於其他要素的供給表。他認為土地是個別生產者的一種資本形式，從這一觀點來看，土地的收益被視為資本的收益時自當為生產成本的一部分。（注1）

　　這種處理方式似與當前所稱的「契約租」（contract rent）相同，但非「經濟租」（economic rent），後者是超過邊際土地之收益，歸由掌控這些超過邊際土地之土地的所有者的所得，至於邊際土地則只能產生使用於生產之土地的資本與勞動的正常收益。馬夏爾還提出一種「準租」（quasi rent）的概念，這在論述分配理論之後即接著加以討論。

　　現在，我們就先略述他的分配理論要點。

　　生產要素可分為四種：即土地、勞動、資本與組

織或企業精神。每種生產要素因為都有需要面與供給面，所以會被使用必然是有利可圖。生產要素之使用是受該要素之需要與供給相關的一般情況之控制的，且假定每一要素都會使用到它的邊際生產力與邊際成本相等時為止。每一要素都有它的需要價格，它是由它的邊際生產力所設定的。與此相對的是它的供給價格，這是它的邊際成本所設定的。勞動的工資、資本的利息與土地的租金（契約地租）都是以同一方式決定的。

　　利潤則不同，不是與其他要素的收益以同樣方式決定的。利潤隨價格的變動而變動，其多寡決定於許多因素，經理者或商務人員之稀有罕見的天賦才華不是其中之最小者。利潤也不是企業家保證可獲的所得。它們可能也可能不出現於短期間由一群要素所決定的結果。資本之投入企業大部分是投資者所「預期利得」的多寡所決定的，其中必須有些利潤是企業家希望他的長期投資可以得到的。因此，管理的賺得（它是「超過利息的利潤」），在長期間會納入真實的供給價格。（注2）照現在一般的說法，必要的或最低的

利潤（這一數量等於它們在其他行業中可以獲得的數量）要算入生產成本之中，而純粹的利潤則代表超過這一數量的收益。馬夏爾的處理方式也將所謂的必需的利潤算作長期供給價格的一部分。

馬夏爾指出，土地、勞動與資本做為生產要素，肩負著雙重功能。它們是競爭者，同時也是互補者，它們時常是職業上的敵對者 —— 假定它們有相當的替代性 —— 但同時也常是一項職業的相互組成者。有勞動而沒有資本，用途就會受到限制，而反之亦然。國民所得的產量是所有生產要素之聯合的產量，隨著生產要素的供給增加而增加，同時「也是對它們每種之需要的唯一來源」。（注3）

關於決定生產要素之價格與所得分配的力量，馬夏爾的解釋與他的分析之其他部分是一致的。這裡與其他部分一樣，他常是很大度地認同他的批評者的功績，譬如那些反對他的邊際生產為分配理論的就是一例。同樣的基礎的供給與需要分析以及短期與長期的區分，用來解釋最後貨物的價值亦可應用於對地租、工資、利潤與利息的解釋。對於一種生產要素的需要

是一種引伸的需要，取決於一種生產要素之邊際生產的價值。但是，邊際生產是難以分辨清楚的，因為在生產技術上要增加一個生產要素，往往要增加其他生產要素與其合作，不然就無法進行了。

馬夏爾為了解決邊際生產的測度問題，就採用了核算他所謂到達邊際時的淨生產（net product）的方法。譬如說，現在如果要增加一個工人去工作，同時就須增加一把斧頭（鐵鎚），那麼勞動的淨生產就是勞動對於生產總量的增加數中減去新增加的這把斧頭的成本。馬夏爾指出，將對生產要素訂價的理論稱分配的邊際生產力理論，這是不正確的。因為邊際生產力只測度對於一種生產要素的需要。生產要素的價格則決定於需要、供給與價格三者在邊際時的相互活動中。在對於他的邊際生產力概念及其相關的勞動與工資的測度之後，馬夏爾很慎重地提出一種邊際生產力理論：「這種理論有時可以當作一種工資理論。但這種說法是沒有正當基礎的。一個工人的報酬有與其工作的淨產物相等的趨勢，這種說法本身並沒有真正的意義，因為為了估計淨產物，我們除了這個工人的工資

外，必須要將所有其他生產某一產物的生產費用都計算在內。但是儘管反對這一學說包含了工資理論的主張是有理的，反對這一學說清楚說明了決定工資的因素之一的作用，則顯然無理。」（注4）

他說生產要素之結合的比例將取決於它們的邊際生產與它們的價格。一個企業家有興趣增加其利潤為最大將會生產一個生產水準，其所花之成本盡可能達到為最低，這會使廠商運用生產要素到達這樣地步，它們的邊際生產實物量與它們的價格會歸於相等。不然的話，它可能會在邊際時去替代獲得較低的成本。

二、準租概念的意義

在討論過分配理論的要義以後，我們接著可以敘述準租的概念，因為這一概念也許可以應用於任何一種生產要素的收益上。馬夏爾是第一位使用「準租」（quasi rent，似乎是租）這一名稱的經濟學家，他在他的《經濟學原理》第一版的序文中，討論到時間元素時，說出這樣一段話：

「在地租與資本的利息兩者之間的差異，雖然不是全部的差異，但最主要的是我們觀察時所採取的時期的長短。那些正確地可視為『自由』（free）或『浮動』（floating）資本的利息，或者對於資本之**新**投資的利息，更確當地可當作一種對資本之舊投資的租金——這在下面稱為『準租』。」（注5）當他的連續原則加以應用以後，「任何有關浮動資本與那些投入特殊生產的資本之區別不見了。在新的與舊的資本投資之間的區別也沒有了。每一類都逐漸地摻入另一類之中。這樣，即使是土地的地租也不能從它本身來看，而當從它是一個大種類裡的主要的一種來看。」（注6）他的目的是將租金概念擴大，使它能應用到所有的固定要素，而其中不包括土地。

在《原理》第二篇第四章中他說他喜歡將「租金這一名稱保留給天然贈予物品中所產生的所得……當討論到商業事務時，將從個人的觀點擴大到社會的觀點。」（注7）於是「準租」這一名稱就用來表示從機器和其他生產工具中所引伸出來的所得之現在數量。那就是說任何好的機器可以產生一種所得，而且具有

租金的性質。它有時稱為租金，雖然從整體來看，稱它為準租比較優良。他提出警告，當人說到機器提供的利息時，「它必須不與機器本身有關，而是與它的貨幣價值有關。」（注8）

在上面第一段話中重點放在「新」字。新的資本保有一個短期的、暫時的利益。它的產物價值上所提供的假定是超過正常利息的剩餘，好像付給比使用邊際等級優良的高級土地的租金一樣。資本一旦投資以後就假定在它的折舊與攤還期間都已成為投資，因此，在短期間，只有主要成本（prime cost）可以決定價格。（注9）而固定資本的投資賺得則被價格所決定。但是，在長期間，價格應該包括普通的或補充的成本與特殊的主要成本。不然的話，「在長期間，一項工業將會因連投資於蒸氣機的資本的利息都不能償還而告消失，正如付不出每天所須替代的煤炭或原料的價格而告消失一樣。」（注10）

換句話說，資本會離開工業。

因此，準租是指固定資本所應得的短期淨所得。這純粹是一項價格決定的所得，與資本的歷史的或者

換置的資本的成本完全無關。準租不應該與利潤相混，這就像是一項要素收益，至於利潤（除了正常利潤以外），一般地說，是一種偶然的所得，是從競爭過程中的失敗所產生的後果，或者是一種所有生產要素合作成功的偶然而產生的價格，它們與準租的根源相當不同。

馬夏爾承認在工資中有像租金這樣的所得成分。它與「生產者剩餘或掌握稀少的天然的禮物」（注11）及「成功人士之特別優厚的賺額相似」（注12）。不過，在長期間，這些差額是會趨於消失，正常的工資與正常企業賺得是趨於存在的。

準租的概念之發展出來是用來解釋一種固定生產要素在短期間的報酬，不大為一般的術語學所接受。這一概念已被證明為不太有用，不能使用於每一要素而都同樣成功，不要將它與租金相混，租金是一項永久資產的淨收益。而準租則由一有限生命的資產的淨收益。這種有限的程度往往都在攤還計畫中規定。同樣的，我們必不忘記租金是一種分配的收益，因此是一個在價值論中的問題。分析到最後，準租不像租金

要大過於它之像租金。

三、準租概念的運用

　　經過以上對於準租概念的解釋以後，我們就可以運用準租這個概念來消解古典學派與邊際效用學派之間的一段紛爭。

　　我們知道，古典學派認為對於生產要素的支付，除了土地以外，都是決定產物之價格的依據，最後貨物的價格乃決定於生產到達邊際時的生產成本。由於生產到達邊際時沒有地租，因此當時古典學派的主將約翰・彌爾就為工資、利潤與利息三者是決定產物之價格的因素，由而可見價格是供給方面所決定。邊際效用學派則與早期的古典學派的批評者一致，認為對生產要素之支付是受產物之價格所決定的。馬夏爾的分析則認為對生產要素之支付究竟是決定產物價格的，還是受產物之價格所決定的，則要看考慮這一問題時的時期長短（這對於生產要素之供給曲線的彈性影響很大）以及分析時所採的特別觀點。現在我們就

可看看馬夏爾是如何展開對地租、工資、利潤與利息這四種對生產要素的支付性質的解析。

先以地租論。在古典學派的心目中，這種對土地使用的支付完全是受其產物的價格所決定的。李嘉圖認為土地的供給是完全沒有彈性的，除了耕種作物也沒有其他用途，使用它所需付的報酬完全要看它所產出來物品的價格。玉蜀黍的價格漲了，地租就跟著漲，沒有推脫的能力。這種看法根深柢固，一直為古典學派所深信。到了馬夏爾時，他認為這一問題非常複雜，從整個經濟社會來看，土地的租金是其產物的價格所決定的，不是一種生產成本。但從個別農人或廠商的觀點看來，地租卻是生產成本，因此是用來決定產物之價格的。農人想要租地栽植燕麥，其所需的租金必須高過種植大麥者的所支付的，不然無法保留住足夠的土地以供其所需。

不但如此，馬夏爾還進一步地說，在某種情形之下，就是從整個經濟社會的觀點，地租也是決定產物之價格的。例如19世紀時的美國，其中間有一大批土地沒有開墾，都可以免費使用，但是，儘管如此，原

始的拓荒者仍會認為其從墾伐荒地中所獲的收益並非
完全從墾植中所產生。一部分是由於他們將艱困的環
境加以改良，以減少邊疆生活的困苦危難，結果吸引
了移民的增加，而促使地價上漲。這種預期的土地價
格上漲，因此是必須支付的供給價格的一部分，是必
須支付的。這種上漲的土地價格，等於上漲的地租資
本化後的價值，可以考慮為社會成本。地租在這種情
形之下，就是從整個經濟社會的觀點來看，也是決定
價格的，是一種生產成本。

其次，談到工資。對於某種勞動（如會計人員）
所付的工資，在長期均衡時所付的必須足以吸引足夠
人員安於其位，不致他遷。這種長期工資是供給價
格，它必須是社會支付的，因此是決定價格的。現假
定對會計人員的需要增加了，那麼，他們的工資自然
增加了。在短期間，他們的供給彈性是比長期的小，
工資的增加不能吸引較多人員去擔任這項工作，所以
短期的工資會漲過長期的。這種較高的短期工資與必
須吸引足夠人員去擔任這項工作無關。因此是被價格
決定的，不是決定價格的。

　　對於這些問題的理解，關鍵是供給曲線的彈性。在非常短期，勞動的供給曲線可認為是完全無彈性的。需要的增加只會引起工資上漲，對勞動的供給毫無影響，它只能保持不變。在短期間，工資可以減少一點，因為原在其他行業工作的人經過短期的訓練後，會轉到會計行業中來。

　　在長期間，勞動的供給曲線的彈性可能變得甚至更大，隨著工資降到長期的均衡價值，成為必須的供給價格。因此，在短期與市場時期，工資是受市場決定的，這就與地租相似，馬夏爾就稱之為準租。有了這一概念以後，他就解答了對生產要素的支付究竟是決定價格的還是受價格的決定的問題。所有這一切都決定於時期的長短：在長期間工資是決定價格，但在短期就像地租一樣是受價格決定的。

　　接著我們看看馬夏爾如何分析利潤。他也運用他的準租概念於短期的利潤分析。在完全競爭市場長期均衡時，每一廠商只賺正常的利潤率。正常利潤是一種生產成本，是廠商為了保持住資本必須支付的，正如正常工資之所以必須支付一樣。因此，在長期

間，正常利潤是必須的生產成本，是決定價格的關鍵元素。但在短期間，這種稱為利潤的收益就可稱為準租，它們是被價格決定的。在短期間，廠商的成本可分為可變的與不變的二種，廠商的收益在短期間必須足以支付所有可變成本的機會成本，不然它們就會離開這一市場。所剩下的是支付給固定成本，它在短期間內的供給是完全無彈性旳。利潤在短期間是一種對固定要素的準租，是被價格決定的。如果收益總量超過成本總量，這就成為超過正常的利潤，但如果競爭仍然存在，這種收益在長期間就會消失。如果收益總量超過可變成本總量，但少於成本總量，就會產生損失，但這種損失在長期均衡時就會消失。利潤，正如工資，可以是決定價格的或者被價格所決定的，這須看時期的長短。

最後，準租概念也可應用於短期的利息分析。在長期間，有正常的利率，它是必須支付的生產成本，所以是決定價格的。儘管一件老資本投機究竟是賺得超過或低於正常利率，要看市場中的供給與需要而定，但因為資本是固定的，或已投資了的，它的收益

在短期內是一種準租。

1. Alfred Marshall, *Principles of Economics*, Macmillan and Co., Ltd., London, 8th edition, 1938, pp.411~412, p.430。

2. 同上注書，p.619。

3. 同上注書，p.665。

4. 同上注書，p.518。

5. 同上注書，p.VIII。

6. 同上注。

7. 同注 1 書，p.74。

8. 同注 1 書，p.74。

9. 同上注書，pp.374~377。

10. 同上注書，p.420。

11. 同上注書，p.577。

12. 同上注書，p.578。

第十章　論貨幣與國際貿易

一、最後兩本著作

　　馬夏爾不喜歡急於刊出自己的著作，每有見解都喜先與友人及學生交談。當他第一本成名鉅著《經濟學原理》於1890年出版時，他已有48歲了。到了那時，他的有些創見已成為當時流行的言詞，以致無法辨認究竟為誰所首先提出，頗引起一些爭議。回顧他一生真正公開發行的著作共有五冊，除了上述的《經濟學原理》外只有四冊，其中的第一冊早於《原理》刊出前一年印行，名為《產業經濟學》。此書開始時原為其夫人在撰寫，後來兩人結婚了，馬夏爾就自動參加，最後就成兩人合著，其內容可謂為《原理》的前奏。由於他對此書不甚滿意，乃於《原理》出版後兩年又再以相似的名稱《產業經濟學要義》（*Elements of the Economics of Industry*）另寫一冊，可謂為《原理》的節錄本。

　　最後兩本，一為《產業與貿易》（*Industry and Trade*），於1919年出版，另一為《貨幣、信用與商業》（*Money, Credit and Commerce*），於1923年出版。

前者包括三大篇，討論：（1）產業與貿易之目前問題的起源（Some Origins of Present Problems of Industry and Trade）；（2）商業組織的主導趨勢（Dominant Tendencies of Business Organization）；（3）壟斷趨勢：它們對於公共福祉的關係（Monopolistic Tendencies: Their Relations to Public Wellbeing）。這部書大部分是採取歷史的與比較的研究方法，將焦點放在當代的問題。儘管如此，它包括許多有永久意味性的論證，是不應該放過的。關於最後一本，則傳述馬夏爾對於貨幣、國際貿易與商業波動的見解，雖然不無缺陷，但仍值得研讀。

以上五冊是他公開發行的著作，此處還有兩本，係由友人西奇威克私人名義於1879年印行，一為《對外貿易的純粹理論》（*The Pure Theory of Foreign Trade*），另一為《國內價值的純粹理論》（*The Pure Theory of Domestic Value*）。這兩本純粹理論的要旨後來都已納入《原理》及《貨幣信用與商業》中。

最後有一本稱為Official Papers（官方論文），是將他於1886至1903年間所寫的論文合編而成，該書於

1926年出版。

　　現在本章就以貨幣與國際貿易為題將他在最後公開出版的兩書內容作概略的敘述。

二、貨幣理論

　　根據凱恩斯的評論：「我們必須更加深感惋惜的是，馬夏爾將他『貨幣理論』一直延期到他非常年長時才出版。到了那時，時間已剝奪了他思想的新鮮性與他說理的銳利與豐富的魔力。在經濟學中沒有一個部門，馬夏爾之思想的創始性與優越性有比在這裡表露得更為顯著；他於此的洞察力與見聞錄也都勝過他的同輩人士。……自從1870年代早期開始，貨幣學一直都是他喜愛講授的課程之一，他的主要思想大致上都為他的學生們所領會，結果形成了一個劍橋的口述傳統。先是從馬夏爾自己的講義中產出，待他退休後，則由庇古教授中傳出。這一傳統與其他印成書籍所傳授的有些不同，（我想，我也許可以說）要比它們所傳授都要好。」（注1）

那時美國耶魯大學的費雪（Irving Fisher, 1867-1947）曾發表了《利率》（*The Rate of Interest*, 1907）、《貨幣的購買力》（*The Purchasing Power of Money*, 1911）等書，提出了與馬夏爾思想相似的見解，但這些都早已為馬夏爾所體察。（注2）正由於費雪當時以貨幣數量學說為名而發表的見解已為學人所瞭悉，現在就可由此學說說起，進而提出馬夏爾的見解。

首先，我們要指出這一學說所賴以建立的兩個基本假設：

第一，各種經濟資源的充分就業是經濟社會中的常態，失業現象的存在是短暫的，不久就會消失。

第二，一般人之所以要保有貨幣，完全是為了便利而為之。貨幣之最主要的功能，就在充作交易的媒介。一般人正由於貨幣能提供這種使利，所以寧願保有貨幣，而犧牲將之出借而可獲得的利息。

於是費雪就據而提出了一個「交換方程式」（equation of exchange），並據而建立了貨幣數量學說。

他們的推理是這樣：經濟社會中交易的成立，其中所易手之貨幣數量必定等於其所成交之貨物與勞務

的價值。因此，一個社會於某一時期（通常以一年為單位）由所使用之貨幣總量亦必定等於其在該一時期所成交之貨物與勞務的價值總和。於是，我們如以 M 代表某一社會在某一年內的貨幣供給，具體地說，就是社會中流通的紙幣與鑄幣加上存款貨幣的數量；V 代表每一單位貨幣在該年內為購買各種最後貨物與勞務而被用的平均次數，可以說是貨幣的交易流通速度，可簡稱為貨幣速度；P 代表物價水準；T 代表該一時期所成交的各種貨物與勞務的總量，則 M 與 V 的乘積就是一個社會在某一時期所使用之貨幣總量；而 P 與 T 之乘積則為其所成交的最後貨物與勞務之價值的總和。既然如此，則所得下一方程式：

$$MV = PT$$

這就是交換方程式，由於它是費雪所提出的，亦就簡稱為「費雪方程式」。而又由於他著重實物的交易，所以又稱為「費雪的交易方程式」（Fisher's transaction equation）。

現在我們接著可以討論貨幣學說中另一種由馬夏爾為代表所提出的現金餘額（cash balances）的見解，

以示其間的差異。他曾在其所著《貨幣、信用與商業》一書中這樣說：

「一個國家的通貨的總值乘以一年為商業目的而交換人手的平均次數，當然等於那一個在該年以通貨直接支付的交易總量。但是這一恆常論述並未能掌握通貨流通快速的原因，而要發現原因為何，我們必須追究那一國家的人民所選擇保有之貨幣形式所具有的購買力的數量。」（注3）

一個貨幣社會的主要特性是使購買行為與銷售行為分開，一個人有些貨物想要與他人交換，就不需要找到兩種偶然發生的事同時發生 —— 有人想要他的貨物，同時又有人能提供貨物與他交換他所想要的。他只需找到有人需要他的貨物，將之銷售給他而收回一般人所能接受的購買力。然後再找到一人有他所要的貨物，就以這種購買力將它買回來。

為了使購買行為能與銷售行為分離，其中必須有些貨物可以在一段時間充任這種購買力的暫時寄存處。這是現金餘額研究法所特別重視的貨幣層面。

人們或企業要為此保留多少貨幣呢？作一個近似

值來看（差不多是正確的數字），我們可以假定一個人想要保留的數量大概與他的所得有關係，因為是所得的多寡決定了一個人所能從事的購買與銷售行為。我們於是將社會中所有的貨幣持有者所保留的現金餘額加起來，而將此一總數作為他們所得總量的一個分數。就可將之寫成下式：

$$M = kPy$$

其中M是貨幣總量，P為價格水準，y是實質國民所得，k是貨幣數量與貨幣的比率。這個k字是馬夏爾提出的，他之所以要提出這個符號，是因為他與他在劍橋大學的門徒庇古諸氏都認為，人們之決定持有貨幣在身邊的多寡最主要的就要再看國民所得。國民所得是價格水準與實質國民所得y的乘積。但是所得水準是一個流量概念，而貨幣需要則為一存量概念。為了消除這一矛盾，馬夏爾就用了「k」做為符號代表平均貨幣呆存期間，於是Py乘以k就變成單純的貨幣存量。這個「k」字，如上所指出，是馬夏爾與其劍橋的門徒所提出的，所以又稱為「劍橋k」（Cambridge k）。

在形式上，上述的劍橋現金餘額式的貨幣數量學

說，與前述之費雪的交易方程式是很易相互轉換的。
現可從費雪的交易方程式開始：

MV＝PT

如果將交易總量改為實質國民所得，流通速度V
改寫為1／k，可得：

M（1／k）＝Py或改寫為

M＝kPy

唯其如此，大多數使用這兩種方式的經濟學者都
認為兩者實際上並無多大差異，但在另一些經濟學者
心目中則不以為然。他們認為兩者所著重的貨幣層面
並不相同，交易方程式論者所重視的是貨幣在貨物實
際交易過程所扮演的協助效果，每筆交易幾乎都是它
完成的，所以他們認為貨幣的功能是在發揮交易的媒
介。在另一方面，在現金餘額派看來，貨幣既為購買
力暫時的寄存處，一旦有需從事貨物交換時就可從而
取得購買力以完成交易，貨幣的功能不但為發揮交易
的媒介，亦在善盡價值儲存的職責。以上是現代貨幣
理論的大要。

三、國際貿易

　　接著我們可以一談馬夏爾對國際貿易理論的貢獻。簡要地說是他利用兩個貿易國家的供應條件曲線（offer curve）相交的方法，將兩個國家貿易的均衡與穩定作幾何分析。（注4）每一個國家的供應條件曲線指明準備以其國內貨物的捆數（bales）輸出而交換國外貨物的特定捆數。其需要彈性是比較大還是比較小，則隨著國外貨物的增加是否會引起國內貨物的增加或減少而定。如果增加則其彈性比較大，反之則比較小。供應條件曲線本身為已知的資料，儘管其中所表示的生產與消費曾經過複雜的調整。國際貿易之所以需要另外一個理論，是由於生產要素在國際間無移動性，而在國內貿易則有的緣故。

　　這種理論工具的主要意旨是在審視關稅的影響。一個國家可能通過限制貿易自私地利用它的壟斷力量而獲利，如果貿易均衡是在外國的供應條件曲線的彈性比較小的部分，它必定是獲利的。對於這種結果能否轉移到多國貿易場景，馬夏爾的疑慮則日益加深。

雖然他承認，對一種沒有相近的替代品而又不能在其他國家生產的特殊貨物，課徵輸出稅也許是有效的。

關於英國的具體貿易政策，馬夏爾是一位堅定而謹慎的自由貿易支持者，甚至是單方面的自由貿易。但是，他對於英國本來在世界經濟上的地位，也益增其憂慮之情。這從他在其《產業與貿易》一書中對於國外競爭與國內產業組織與結構的關聯的討論中，就已反映出來。

至此，我對於他最後兩本著作要旨的簡述已告結束。熊彼德教授曾說：「僅僅瞭解經濟學原理不能算是瞭解馬夏爾。」必須再讀他最後兩本書才能說真正明白他在經濟學上的造詣。（注5）既然如此，我在這方面的任務也可暫告一段落了。實際上，馬夏爾於1923年八十壽誕不久之後寫成了該書，到了翌年該書出版後即逝世了。

1.　J. M. Keynes, "Alfred Marshall", *The Collected Writings of John Maynard Keynes, Vol.X, Essays in Biography*, The Royal Economic Society, Macmillan Press, Ltd., London, 1972, p.189.

2.　同上注書，p.189。

3.　Alfred Marshall, *Money, Credit and Commerce*, Macmillan Co., Ltd., 1923, p.43.

4.　本節所述各點都參考下文而寫成：J. K. Whitaker, "Alfred Marshall", The New Palgrave, *A Dictionary of Economic*, edited by John Eatwell, Murray Milgate and Peter Newman, Macmillan Press, Ltd., London, 1987, p.361.

5.　J. A. Schumpeter, *History of Economic Analysis*, Allen & Unwin, London, 1982, p.837.

第十一章　論經濟政策

一、貧窮的拯救

我們知道，馬夏爾想要將經濟學做為一種認真的研究，原來是為了要瞭解貧窮之所以產生的原因，以及如何減少貧窮。他從他對社會的體察中已經獲知：

「社會與經濟力量正在著手將財富分配朝好的方面改變：它們持續增加力量，同時它們的影響力在大量地累積……社會經濟機體比初見時的更為柔弱與複雜，大量因考慮不周而生的變動，可能會造成嚴重的後果。」（注1）

他對於人類大眾遭受的苦痛的同情沒有減輕，但是這種情緒卻強烈地受到一種信念的約制，認為採取急烈的手段去改變現存的經濟情勢是不智的。他特別反對社會主義的方策，因為：

「生產工具的集體所有會傷害人類的精力，並阻止經濟進步；除非在採取此種方策之前，全體人民都對公共利益具有無私的熱愛力量，而這在今天是相當罕見的。……這也許會在私人與家庭生活中破壞許多最美麗的與最歡樂的部分。何以耐心的經濟學者一般都

預期，將經濟社會與政治生活急速強力重新組合的計畫，所能得到的利益很少，而災害則很多，這些是主要原因。」（注2）

到了1893年，他還對「拯救年老貧窮者皇家委員會」（Royal Commission of the Aged Poor）這樣宣示：「過去25年，我致力於貧窮問題的探討，我的工作很少是從事與此無關的研究。」（注3）在凱恩斯的心目中，「馬夏爾是太想要將事情做好了。他有一種怪癖，低估與人類幸福，或者與工人階級的境況，或者類似事件沒有直接關係的課題之學術部分，儘管它們間接上可能是非常重要的。他也感到，他若是追求它們，就是沒有使自己為『最崇高』的目的而奮鬥。」（注4）

從以上之所述中可知，馬夏爾一生感到最為迫切的問題是貧窮的解救，現在我們可以看看他可望如何能對此提出對策。

二、市場的缺失

談到貧窮問題的形成，一開始就會想到市場機制

的品質，因為在現代社會中，市場是調配經濟資源的主要工具。如果它能將經濟資源調配得妥當，自然不會有貧窮問題惡化的發生。現在既然發生了，這就表示市場機制的品質有問題。

在馬夏爾看來，當時的市場機制是相當溫和的，但他的分析也表達出，關於不加管制的聽其自由運行的市場，在某些場合也不能賴以達到社會所期盼的良善後果。

的確，馬夏爾充分地明瞭市場上存在許多不美滿的地方。他在他的《經濟學原理》中就耗費了許多篇幅去討論壟斷的學說。不但如此，他在他的另一部經典著作《產業與貿易》中，第三篇就專門討論「壟斷趨勢」，包括美國與德國的托辣斯（trust）與卡泰爾（cartel）以及英國朝著同一方向發展的情形。他到了結束的時候寫道，隨著對抗這種情勢的同等錯誤，這種壟斷最後終於趨於摧毀，而使有些微資本的人能開設自己的事業，並逐漸躍升為主持大型的公共與私有企業。

馬夏爾認為，他的時代所面對的主要問題是「如

何去除掉競爭的罪惡與弊病，而保留住它的利益」。以當時的情形論，馬夏爾相信，貧窮的人奮力掙扎為自己的生存而奮鬥，卻只能糊口，這表示他們不能按照他們應該邁往的途徑去努力。同時他說，富裕的人能夠從事大量的個人支出，而這些對於社會進步的貢獻則很少。（注5）

　　以上是馬夏爾對現代市場機制實際運作的概略敘述，但他對於它的信念並未減少。他的基本理論模型仍然是在完全競爭的狀態之下，「供給與需要的力量已在完全運作。同時，其中呈現著完美的知識與遠見。」（注6）他之所以有此樂觀的信念，是由於有政府職責的發揮。現代政府之設立的主要目的乃在求全民福祉的增進，為求達到此一目的，政府對於市場機制的缺失自須設法有所補正，若政府果能如此，則他對於廠商的生命循環所指的一般立場當可引導出一個結論：這就是他所謂大型商業可能持有的龐大的市場權力是不會持久的。接著我們當可看看馬夏爾心目中，政府在這方面所應肩負的任務。

三、政府的任務

　　雖然馬夏爾認為市場是一個靈敏的工具，一個經濟社會的資源通過它可以有效率地使用，但他也認為它的操作可以改良。為了達到此一目的，公共教育的改進特別重要。因為通過這種工作，社會中的消費者與生產者可以增加他們選擇的合理性，更有理智地去處理他們的日常事務。不但如此，改善經濟教育還可以去除不受管制的市場體系的一項弊病，這就是投機浪潮的興趣而造成經濟的波動。

　　馬夏爾是一個主張政府對教育加以協助的倡導者，主要的目的是在為貧窮者的孩子創備一個公平的造就機會，他相信在這群孩子中必有相當的數量是具有向上發展之秉賦的。他曾這樣寫道：「對於國家財富的成長造成最大損害的，莫過於讓可能生於所得低級的父母之家的天才，消磨於低級的工作之中。可以誘致物質財富快速增加的變化，莫過於改進我們的教育，特別是針對中級階級而為的政策。我們可以廣泛推行獎學金制度，使一工人聰明的兒子能逐漸從一個

學校進到另一個學校，一直等到他能接受當時所能給予的最優的理論與實務的教育。」（注7）

關於改進工人階級的生活情況，他曾看到他們的住屋的改善而感到非常欣慰。他在1923年寫道，自從1880年代開始，學校中的運動與遊藝場所已經增加數倍，公園都能經常維持整潔、電車與鐵路已能使許多手藝工人，甚至一般粗工都能於夏季偶爾攜帶其家人往倫敦郊外旅遊。他已憂慮將來恐怕會出現「鮮少見到綠色田野的兒童日益增多」的現象（注8）

以上是政府關於教育方面的改進所須肩負的職責。這種工作固然極其重要，但對經濟發展的協助畢竟是間接的。這方面的進展，終究還是有賴於經濟資源的直接調配。他問道，如果社會的生產資源能由收益遞減的生產部門轉移到收益遞增的生產部門，是否可使社會滿足增加呢？這樣從現有的資源總量中可能獲得的產量就可增加了。政府能通過適當的課稅與補貼的方策鼓勵資源的重新配置。不過，他非常慎重地提出，這種方策只有當受補貼部門的擴大的產量所引起滿足之增加，超過了因對其他貨物之高額賦稅徵收

在效用上所引起的損失，才能實施。他承認這一標準對於實際事務是難以應用的。

不過，儘管如此，他要求即使連工人中真正最貧窮的階級也要繳納相當的稅，這樣他們仍是「充分自由的公民，對公共財政直接利益攸關」。政府必須保證，「他們對財政的貢獻，大部分應該藉由帝國的與地方的公共基金編列優厚的預算，以間接增進他們的利益」。（注9）

在1890年代，馬夏爾要求諸如私人的慈善團體（Charity Organization Society）與救貧法（Poor Law System）合併，此舉等於有意支持普遍年金制度（universal scheme of pension）。（注10）在1909年他寫了一篇文章，主張採納德國辦法，要為英國工人階級的低層份子謀福利，他漸漸地領悟到「老年年金」（old age pension）與社會保險制度是解救財富極端不均的萬應藥膏。（注11）

在此可以順便一提的，總合效用的最大化若是公共政策的一個目標，也可以用來支持所得重分配的建議。如果我們可以假設貨幣對於一個貧窮的人的邊

際效用要大於一個富有的人,那麼,社會的總合滿足就會因所得的從富有的人轉到貧窮的人的手中的重分配而總合社會滿足增加。馬夏爾而不由而提出任何結論。當他撰寫「經濟騎士道」(economic chivairy)時,他曾提出一種較不系統化的所得重分配可能做法,以供日後研究,這種計畫是要對富有的人課稅,以改善那些仍陷於貧困的人的境遇。(注12)

馬夏爾賦予政府在經濟方面的責任相當有限。這不是說他是一位政府在經濟事務上應極端節制的倡導者。例如,他主張如果統計資訊完備的話,「政府應該對受報酬遞減律之支配的貨物課稅,並提出稅收的一部分以補助受報酬遞增律而生產的貨物,這也許甚至有利於社區的發展。」(注13)他也承認雖然自由貿易對於推行的國家是有利的,對其他國家則未必能夠同樣享受。(注14)

馬夏爾相信政府能將一些經濟活動辦好,主要的是那些有關「交通的設備,水電的輸送」的事務,他說這些活動是數量少而重要的。它們都能「自行推銷」。它們的需要很多,同時多少都已受自然因素的

影響而標準化了。不但如此，他還寫道，它們都是滿足基本的需求，都只要在生活習慣與品味方面略加變動就能適應。他相信一般所謂的「不可避免的壟斷」（inevitable monopoly）應該公營。在另一方面，他也承認股份有限公司常常表現出官僚作風。（注15）不過他還是認為，商人在商務展望與實務經驗面，一般都要比公務人員優勝。（注16）

馬夏爾在1908年寫道，如果政府管制早在一百年前就替代了私有企業，「我們有十足充分的理由相信，現在的製造方法，效率會停留在五十年前，而不是像現在這樣，它們的效率要比當時增加四倍，或者甚至是六倍。」「全國的實質所得總額差不多只有現在的一半。」（注17）

雖然馬夏爾有一段時間曾受社會主義思想的吸引，但最後還是考慮到「沒有一種社會主義體制，甚至是其中進步的，似已為高級企業與個人性質的力量作適當的措施予以維護；也無法保證企業工場與其他生產的物質工具的迅速增加，以確保勞工階級的實質所得繼續增加，速度像他們最近過去這樣快，甚至假

定全國的全部所得能由全民平均享受。」（注18）

他相信貧窮問題是人類向前進步的唯一的短暫的罪惡。（注19）實際上，他認為只要透過更多的機械化，甚至連「人類中更謙恭的階級」，景況都可得改善，因為他們會有機械的奴隸去做原來支配他們生活的例行工作。這樣他們就可得到更多的休假，若再輔以改善的教育，他們同時亦可獲得品質高超的工作。

馬夏爾認為，人力與物質資源應交給一個基本上是私有的企業經濟制度，因為「官僚方法的壓力不但會侵犯物質財富的源泉，而且還會傷害人類天性中許多高級的品質，它們的加強應該是社會致力實踐的主要目標。」（注20）

---

1. Alfred Marshall, *Principles of Economic*, Macmillan & Co., Ltd., London, 8th ed., 1938, p.712.

2. 同上注書，p.713。

3. Alfred Marshall, *Official Papers* (London, 1926, p.205)，轉引自 G. K. Fry,"The Marshallian School and the Role of the Stale", *Alfred Marshall: Critical Assessments*, John Cunningham Wood, ed., Croom Helm, London, 1982, Vol.IV, p.273.

4. J. M. Keynes,"Alfred Marshall 1842~1924", *The Collected Writings of John Maynard Keynes, Vol.X, Essays in Biography*, The Royal Economic Society, Macmillan Press, Ltd., London, 1972, p.200.

5. Alfred Marshall,"Social Possibilities of Economic Chivalry", A. C. Pigou, ed., *Memorials of Alfred Marshall*, Kelley & Millman Inc., 1925, p.325.

6. Alfred Marshall, *Principles of Economics*, 8th ed., London, 1949, pp.395~410.

7. 同上注書，p.176。

8. 同注 5 書，Alfred Marshall,"Where to House the London Poor", A. C. Pigou, ed., 1925, p.142。

9. 同 注 5 書，Alfred Marshall,"The Equitable Distribution", A. C. Pigou, ed., 1925, p.348。

10. 同注 3 書，p.244。

11. 同注9書，p.348。

12. 參考同注5書。

13. 同注6書，p.394。

14. Alfred Marshall, *Industry and Trade*, University Press of the Pacific, Honolulu, Hawaii, 2003, pp.84~85.

15. 同注1書，p.317~318。

16. 同注1書，p.850。

17. 同注3文，p.338。

18. 同注1書，pp.VII~VIII。

19. 同注3文，p.244。

20. 同注5文，p.334。

第十二章　對經濟學的綜合貢獻

一、1890 年前的經濟學

自從馬夏爾開始從事經濟學的研究到今天，雖然約已過去了一個半世紀，他對於經濟學的貢獻卻仍然為正統的大學經濟理論課程奠定了堅定的基礎。他的造詣，像許多卓越的學者一樣，是來自對過去偉大理論家之著述的精研，但不像許多其他的偉大的思想家與創始者，馬夏爾並不強調他與過去學者的差異，而只認為他不過是借用他們的識見。他視自己的著述是亞當‧斯密、李嘉圖與約翰‧彌爾諸氏的繼續，對於他們的貢獻總是非常推崇的。他謙虛治學此一特色是學術界所罕見的。

我們知道，馬夏爾進入經濟學的研究時已有堅強的數學根基，並且是一位摯情深切的人道主義者，極欲幫助低所得者改善其生活境遇。他認為經濟學中的實證的與規範的成分有可能加以分離，而他自己則忙於開拓出一種實證、而且沒有價值判斷的科學。它是基於這樣一種理論：如果我們瞭解我們是什麼，社會就能作出我們應該去做的較好的選擇。他研究許多方

法論與理論上的問題，其中有些是自1830年代起就在經濟學的作品中討論的。

　　古典的正統理論並沒有一種定於一尊的方法論。亞當・斯密將理論、歷史與現狀敘述混合在《國富論》一書中，他最脆弱的是理論。雖然李嘉圖並不特別明確地關心他的方法論，但他卻沒有利用數學而提出一種差不多完全是抽象的、演繹的與理論的模式。李嘉圖的弱點是歷史與現狀的敘述。約翰・彌爾則跟隨亞當・斯密想要錘鍊成一種學科，其中理論、歷史與現狀敘述相互增援與補充。但是，這些人都有許多相同的元素 —— 他們都假定經濟理論是普遍正確的。他們也共同認為，要瞭解社會最好的方法是從家戶與廠商入手。人的本性與行為是文化的前身。另一共同元素是不顧一切地相信，經濟衝突可以在自由市場中和諧解決。不論自由市場如何的不相宜，它們總比政府對經濟從事干預好。在這一和諧的自然秩序中，唯一的缺陷是地主與實業家的衝突。除了這件事外，稀少的資源可以經由市場有效地配置，不需要政府的指令。市場的自由運作會確保資源的充分利用。在決定相對

價格的力量的古典分析中，價格在長期間是共同被認為是依賴成本方面或者供給方面的因素而決定的。

這些古典思想不是每個人都接受的。一本在李嘉圖之後的時期中發展出來的著作批評了這古典的價值理論，並進而指出效用與需要是決定相對價格的主要因素，不是成本與供給。有些作者則利用李嘉圖的勞動價值論表示勞動受到剝削，由而則懷疑在古典制度下經濟過程的和諧運作。這種思想到馬克思身上結成果實。他使用古典工具達成相當不同的結果。孔德（Auguste Comte）、馬克思與斯賓塞（Herbert Spencer）所提出的制度，對於古典理論的方法論基礎表示懷疑，它將經濟學的範圍狹隘地加以限制，認為人的行為是文化與社會前身。有些德國與英格蘭的作者對於古典理論的抽象本質加以攻擊，並研擬出一種較廣博的歷史偏向的方法去瞭解經濟社會。最後，這種基礎理論結構受到吉逢斯、華爾拉與孟格的攻擊，他們要以需要與效用代替生產成本的價值論，主張價值差不多完全由需要與邊際效用所決定。

二、馬夏爾的傳承

　　馬夏爾的經濟學是這些方法論與理論的紛議中的產物。他經常拒絕對於這些問題採取派別性的研究方法，因此他的結論不為雙方面武斷的思想家們所接納。他認為將經濟學的範圍作狹隘的解釋是有用的，但是他也希望，對於社會科學的研究採取一種統一的方法，將會產出更為豐碩的成果。由於每種方法論的推行都有它的利益與成本，他認為要為經濟學爭辯出一種獨一無二方法論，是浪費時間。經濟學家應該使用一種適合於他們的訓練與習性的方法。不同的方法論應該被視為互相補充的，不是相互相排斥的。

　　同樣無意義的是爭論價格究竟是供給單獨決定的，還是需要單獨決定的。馬夏爾指出，價格是一大堆複雜的交互作用的力量所決定的結果。將價格決定的程序視為由一簡單的因果關係的鎖鍊所決定，這是不正確的。在這一鎖鍊中是效用決定需要，需要於是決定價格，或者這一鎖鍊是成本決定供給，然後供給決定價格。

同樣的，不論是在效用方面，還是在成本方面，都不是邊際數量決定價格的。我們到了邊際境界去審核在運作中的力量，去增進我們對於它們的瞭解，但當我們到達邊際境界時，我們看到效用、成本與價格相互決定彼此的價值，而那根單純因素的鎖鍊卻並不存在。邊際、局部均衡，「其他情形不變」、時間期限、代表廠商、生產要素等等都是抽象理論的結構，幫助我們去擊破所要分析的複雜問題。但是，這種分析進步的獲得是以犧牲事實真相為代價的，因此，經濟學家必須以現況的描述與歷史的資料去輔助純粹理論的不足。

雖然馬夏爾對於當時方法論上的與理論性的問題採取不偏不倚的中立態度，但他常常對於古典學派中某些元素有所認同。他將經濟學的範圍擴伸到比吉逢斯、孟格與華爾拉更廣大，並喜愛亞當・斯密與約翰・彌爾的方法論。他宣稱雖然價格在長期間取決於一大堆複雜的因素，但古典經濟學家之強調供給與需要的重要性基本上是正確的。

馬夏爾在其《經濟學原理》第一版的序文中曾這

樣說：「現在這本論著是想要以我們自己這一時代的新著作的協助之下，針對我們自己這個時代的新問題，對舊的理論提出一種新的解釋。」（注1）在這方面他是成功了，因為現時的局部均衡的個體經濟理論是從他這部書中引伸出來的。但是，馬夏爾會是第一個承認他所指的時代不隱含永恆的意思。他認為變化是經濟世界唯一正常的狀態，有些或者許多他的原理都會被宣布作廢。無論如何，他提出的一些分析工具與「一種發現真理的機器」都極具品質，歷久不衰。馬夏爾的崇高宗旨與他的經濟學的「主導鵠的」都是「為了解決社會問題提出貢獻。」上面曾提到他是一位偉大的人道主義者，這不僅是為了要對勞苦大眾的生計問題有所改進，而且希望能對實際世界所面臨的問題都能有所獻替。他曾討論人與財富，但他的重點放在財富上，其目的是要使財富成為人的僕役，藉以增進人類享受的福祉。

三、綜合貢獻的評估

馬夏爾的著述固然非常精緻，但也不是毫無缺失。由於價值與分配理論是他最基本、最原始的兩種發展，我們可以就這兩方面略加以評述。

先從理論上談，第一，他深信自由競爭的力量可以驅使供需雙方混亂、不合常規的現象趨於平順。雖然他承認當時已有壟斷的存在，但他還是認為競爭是生產最顯著的特性。儘管他也指出競爭並不保證會使產量成為最大，參與者有時為了本身的利益而會限制產量，但這在馬夏爾看來是一種短期的政策，不會持久。唯其如此，許多人因此認為，他過分相信競爭所能產生的效率。

其次，馬夏爾認為在整個經濟社會中，所有的力量都是互相影響，以促進經濟發展，需要方面的因素與供給方面的因素是同等重要的。所有的價值不論在競爭狀態下的，還是在壟斷狀態下的，不論是在成本遞增、不變還是遞減的情形之下產生的，所有的生產要素的收益——地租、工資、利息與利潤，都是彼

此相互被決定的，它們不是須應用不同定律的特殊問題。由此可見，他的價值理論是一種全面均衡的，不是局部均衡。特別是對於它的遠景的展望是如此。但是，在實際分析上他卻沒有這種對遠景的展望。他做了許多「其他情況不變」假設下的分析，他對工資與資本提出了理論，但將地租視為剩餘。這是一種局部均衡的處理方式。

　　第三、馬夏爾在他所有理論分析中，時間元素常被有效地運用，可以說非常成功。但當理論分析遇到棘手問題時，這也被用來做為逃避的藉口。大多數的經濟活動是動態的，有關的決定都是即時的，這些決定一般都不能等待到了有良好理論時才採取。確實，長期趨勢符合一套靜態關係，但正如他最著名的學生凱恩斯所說：「在長期間我們都死亡了。」在經濟學中這種著重時間、以其為一種主要的力量，曾引申出許多優良的短期經濟分析。馬夏爾的動態成長與變遷的觀念，在本質上是有機的；甚至是生物學的。其次，我在前面曾指出，他在他的《原理》第八版的序文中所說，「經濟學家的聖地是在經濟生物學，不在經濟動

態學。」（注2）。有機的成長是需要時間的，因此，他將時間元素列為最重要的因素是極合乎邏輯而合理的。他的這種處理可說是為古典經濟學家所運用無時間元素的分析，與後來的動態分析之間搭起橋樑。不過，他沒有永遠一致地從著重長期的社會觀點，妥善地轉變為必然著重短期的個別生產者觀點。

我們在上面曾指出馬夏爾對於競爭之成為達成平均化的力量甚具信心。從他的《原理》中可以明確地看出，他不是一位對個人經濟活動毫不加限制的自由放任主義者。儘管他是一位徹底的個人主義者，他對現存社會中社會與經濟的不平等從不是一位辯護者。相反的，他支持以減少財富不均為長期目的的對策，只要這些對策「不會削弱自由創造的源泉與品格端正的強度。」（注3）他認為「極端的貧窮與巨額的財富並存，在道德上不具有正當性。」（注4）他反對社會主義運動，它是「到現在為止人類幸福所面臨的最大的危機，」（注5）主要原因是它傾向於以公共管理代替私人管理，並對個人企業加以誣衊。在另一方面，他不信任壟斷，差不多也是基於同樣的原因 —— 抑止

個人創業精神與潛在的擴展成長的能力。

　　馬夏爾對於這兩種巨大經濟趨勢的成長並沒有充分地解釋，對於這一點，我們不能對他多所責難。依據他自己為成長動態所提出的模式的推理，壟斷與社會主義（以各種的形態出現）都已大量的成長。他所深信的個人競爭已為壟斷的元素所替代，而有壟斷性的競爭與寡頭壟斷（oligopoly）的盛行。同樣的，社會主義的思想（在他著述當時，只是學術性的討論）現在也已成為一種經濟與社會政治的研習，「福利經濟學」、「福利國家」、「合作運動」、「政府管制」以及同樣的課題都已成為論壇的中心。

　　接著我們討論馬夏爾的分配理論，我們知道，馬夏爾在這方面所用的功力，不若他在價格理論所用的宏大，因而他在這方面所受到的批評也要比在價值理論所受到的更為普遍。其所面對的最大困難是在於無法將供需分析應用於生產要素上。在供給後面的邊際成本與在需要背後的邊際生產力，都不是同等的歸屬於所有的要素。這種分析也許較適合於應用於資本，對於工資與地租的應用則較不適合，對於利潤則可說

完全不適用。

　　整部分配理論是依聯合需要（joint demand）與聯合供給（joint supply）而支撐起來的。所謂聯合需要，我們可以直接引馬夏爾的解釋。他說例如麵包可以直接滿足人的欲望，這種需要可稱為直接需要（direct demand）。但是，麵包廠與烘麵包的爐子可以聯合起來將麵包製造出來，對於這種需要可稱間接需要（indirect demand）。由於它們聯合製成麵包，因此，也可稱為聯合需要。（注6）

　　現可進而解釋聯合供給。馬夏爾說有些物品不易分別加以製造，但有一共同的起點將它們聯合起來共同供給，所以對於這些物品的供給稱為共同供給。例如牛肉與牛皮，或者小麥與麥桿。（注7）實際上，所有的需要都是引伸的需要（derived demand），都是廠商由於對消費者對貨物的需要而引伸出來的。

　　如果這是確實的，那麼，要分析任何一個因素的問題都需要一套關於所有因素的聯合分析，它實際上是不可能的事。現在我們不妨略述一些因素的特別情形：先以土地的供給論，它完全不是人所能控制的。

其次，以勞動論，由於彼此間品質、技術、熟練等等之差異大都是很複雜的，要將之減少到邊際成本的數量也是困難的。

鑑於過去一個半世紀經濟分析上的發展，要在馬夏爾的經濟學中找出一些謬誤是極有可能的，這一點馬夏爾早就有自知之明。但是，無論如何，只要資本主義制度不變，他在新古典經濟知識上的見解儘管會受到一些修正，但絕不致於成為明日黃花。

不過，在某些層面，馬夏爾經濟學的確已有些過時了。經濟科學也像物理科學與化學科學一樣正在突飛猛進。我們對於我們自己的瞭解要比過去多得多了。我們的習慣，我們的所得與支出，我們的生產與分配過程，經濟上的原因與後果，以及許多其他的事務都比過去知道的多得多了。不管在政治態度上有所變化，統計技術與數學適應的本身都能促進經濟分析科學的進步。馬夏爾在這一發展中所占的分量無疑是巨大的、卓著的。

馬夏爾的《經濟學原理》不容置辯地是一部半世紀以來最偉大的經濟學著作之一，它已博得經典

地位，它在經濟思想與分析上已產生了非常宏偉的影響，這份影響力在將來仍會繼續。

1. Alfred Marshall, *Principles of Economics*, Macmillan and Co., London, 8th ed., 1920, P. V.

2. 同上，P.XIV。

3. 同上，P.714。

4. 同上注。

5. A. C. Pigou, ed., *Memorials of Alfred Marshall*, Kelly & Millan, Inc. New York, N. Y., 1956, p.462.

6. 同上一書，P. 381。

7. 同上一書，P. 388。

第十三章 | 重返劍橋

一、對勞工階級景況的關懷

　　馬夏爾自1885年應邀重回劍橋大學擔任政治經濟學教授一職以後，除在課務上力求改進，期待有所建樹外，對於合乎其興趣之活動，如時間許可亦盡量參與，以增其對實情的瞭解。現可就這方面略加敘述。

　　首先，他對於勞工階級的生涯至為關切，常利用週末之暇邀請其領袖人物共渡。在這種場合中每有社會討論會（Social Discussion Society）的舉行，常由參與者主持講演。馬夏爾自然可由而對於當時的工會主義倡導者有深進一層的認識。實際上，他對於勞工運動甚表同情，至於對於當時討論的社會主義，亦與約翰‧彌爾一樣，除了學術見識上持有差異外，亦甚嚮往。在這裡，我們不妨從其1919年出版的《產業與貿易》一書所作的序文中引出一段話，以看出他對於當時的社會主義所持的態度。他說：

　　「……十多年來，我依然確信，與『社會主義』這個名詞相結合而提出的意見，雖不是世界上最重要的研究題材，也是我所遇到的事件中最主要的。但是社

會主義者的著作一般都使我感到厭惡，其程度差不多與它們吸引我的一樣大，因為它們似乎完全與事實脫節；同時，一部分也是這一緣故，我決定少對這件事發表意見，等到我對此更深入思考後再議。

　　現在年歲已老，顯示我的思考與表達的時間已近於到達了終點，我看到了勞工階級在各方面的才能都有了驚人的發展，一部分的結果是社會主義的計畫已有了比在彌爾寫作時更廣博而堅實的基礎。但是似乎沒有一個社會主義計畫，雖然是進步了，對於高級企業與個人品性力量的維持提出適當的準備，也沒有在產業工廠與其他生產的物質工具方面作出承諾，要將之充分迅速地增加，俾能使體力勞動階級在實質所得像他們在最近過去那樣迅速增加，即使假定全國的全部所得都能被大家平均分配也一樣。在西方世界，人道的平均水準，過去五十多年來曾獲迅速提升。但在我看來，那些朝著理想的社會組織的遠程目標努力而且已獲得最大真實進步的，都是將他們的精力集中於在此途徑中的一些特殊困難，而沒有猛力設法超越它們而向前發展。」（注1）

　　以上所述的是馬夏爾主動從事的業餘活動的一斑。此外自然也有受政府委託而推動的工作，現在接著也可對此略加說明。

二、政府事務的肩負

　　馬夏爾在生活上一個重大的變革是於1891年到1894年間受邀成為政府中之勞動皇家委員會（Royal Commission on Labour）中的一員。因為此職務，他有機會接觸到他所研究課題的實際資料，因而甚感欣慰。嗣後，對於該會之最後報告之草稿的撰出，亦盡了一大部分義務，其中有關於工會、最低工資與就業的反常狀況（Irregularity of Employment）三部分的撰述，馬夏爾出力特別深厚，可以說完全是他所寫的。

　　馬夏爾在勞動委員會的工作只是他為政府肩負的諮詢服務的一部分。在1893年，他還在年老貧窮者皇家委員會（Royal Commission on the Aged Poor）作證，建議將慈善組織委員會（Charity Organizations Committee）與貧窮法執行局（the administration of the

Poor Law）相結合，以利效果的推進與發揮。1899年，他又在印度通貨委員會（Indian Currency Committee）作證，他認為他的證詞因事前作了仔細準備，應為最良好的，是他的貨幣理論之最精彩的表達。（注2）

就在同一年的晚期，他還為「地方賦稅皇家委員會」（Royal Commission on Local Taxation）準備了一份「帝國與地方賦稅的分類與歸宿的備忘錄」（Memorandum on the Classification and Incidence of Imperial and Local Taxes）。1903年，當關稅改革的紛爭達於高潮時，他應財政部之邀請寫了一份「國際貿易的財政政策」（The Fiscal Policy of International Trade）的備忘錄。這份備忘錄到了1908年才在當時的財政部長路易喬治（Lloyd George）的堅持之下做為國會文書而發表，其間相隔有五年之久，甚故安在，馬夏爾曾作如下之統整性的解釋：

「有些關於這份備忘錄的大量修改與擴增在1903年8月郵寄國外時遺失了，當我在秋天重讀這些未經改正的校稿時，我感到非常不滿意，我不能獲得允許將之自費刊印。撰寫這份文件之時間的短促與其內容的簡

略是所以發生以上情形的一部分原因。這抵觸了我必須避免任何紛爭性事務之參與的規則，不應該像一個學生的作業那樣去從事原因之原因的探究，而應主要關心最接近的原因及其後果。因此，我對於財政問題選擇保留緘默的態度，一直等到我對於此一問題所要發表的意見能參入一次較審慎、較能充分發揮的討論時為止。我現在正從事此一任務，但進行得很緩慢，時間則過得很快。」（注3）

這些文句充分顯露馬夏爾日益增長、不能克制的情緒。要他不發表他腦海中湧現的想法的困難則已到了不可克服的地步。到了1908年，他終於辭去教授職務，希望這種繁重的講授與教學的義務的解除，能協助事態的發展。

三、學術界三項運動的參與

根據凱恩斯的論述，馬夏爾在擔任劍橋大學政治經濟學教授的二十三年期間曾參與了三項重要運動：一是英國經濟學社（British Economic Association；現稱

「皇家經濟學會」Royal Economic Society）的創立；二
是劍橋大學授予婦女學位問題的紛議；三是劍橋大學
經濟學榮譽學位考試（Cambridge Economics Tripos）的
建制。（注4）對於這三項運動中的後兩項，我在前文
曾有簡略的提及。現在就趁此機會與第一項一併再行
闡明。

　　第一，皇家經濟學會的創立：一份稱為「組織
英國經濟學社建議書（Proposal to Form an English
Economic Association）的傳閱函件於1890年10月發
出，這是組織這一學會所採的公開活動的第一步。這
封傳閱函件是由馬夏爾一人簽名的，雖然其中有許多
人士的合作。邀請共同參與此一盛舉的對象包括英國
所有大學或學院中的經濟學講師以及其他有關機構的
人員，望能於1890年11月20日出席於倫敦的大學學院
舉行的成立大會。會議由當時財政部長主持，討論組
織此會的基礎，並出版一份經濟學報。這封創始的傳
閱函件開列出該會以後數年要做的工作。當時聽到的
唯一的反對聲音是來自蕭伯納（G. Bernard Shaw），他
說其他的他都贊成，但建議「學會的首長不應該與任

何政黨發生關係。」（注5）

第二，劍橋大學授予女生學位問題的爭議：在1896年，這一問題曾在劍橋激起熱烈的討論。就馬夏爾論，他對於婦女解放的追求一向甚表贊成。當準備接受女生的Newnham College建立時，他即通過他的夫人與西奇威克夫婦與之保持密切接觸。後來他之所以接任牛津大學在卜萊斯圖設立英國一間大學學院（University College）的校長職務，據他自述，該校之成為英國第一間對婦女敞開大門的事實是主要原因之一。但是後來事態的發展，使他感到這樣的結果是使婦女教育完全被男人教育所同化，殊非妥善，終於加入反對的陣營。這場紛爭也以反對者獲勝而告終，這恐怕不是當初他所能想及的。

第三，劍橋大學經濟學榮譽學位考試的建制：當馬夏爾於1885年返校任教時，關於政治經濟學的論文是包括在道德科學榮譽學位考試（Moral Sciences Tripos）與歷史榮譽學位考試（History Tripos）之中的。早在二十多年前，當這兩個學院分開創立時曾對劍橋大學的研究自由化激起了一場巨大的革命。馬

夏爾曾於1902年發表了一份「在劍橋大學創建經濟學課程請求書」（Plea for the Creation of a Curriculum in Economics）。其中曾這樣說：「在外國經濟學總是與歷史或法律，或政治學，或與一種這些科目相混合的課程密切地組合在一起。第一次（劍橋）道德科學考試（Moral Sciences Examinations, 1851-69）包括了倫理學，法律、歷史，與經濟學，但沒有心理科學或邏輯。不過，在1860年，哲學與邏輯會同倫理學共同參與，而歷史與政治哲學，法理學與政治經濟學則形成為一代替組合。在1867年，將法律與歷史分別設立，自此之後，心理科學與邏輯則成為道德科學榮譽學位考試的主要課題。」（注6）但是，差不多當他成為教授後，馬夏爾就強烈地感覺到，已到了要向前作進一步改革的時候。他特別不喜歡當時在課程中的意念，認為經濟學是一種可以附帶講授而就能獲充分理解的科目。當他重返劍橋後立即就對於他的講授內容必須適應於以往經濟學做為一部分的規定提出反對。他的「教授就職演說（Inaugural Lecture）實際上就是在要求賦予經濟學以新的學術地位。他的這篇就職演詞是具有歷史

上之重要性的，因為這是第一次使經濟學能像今天這樣差不多在世界各地都享有獨立的學術地位所做的努力。現在可將其中與此相關部分節譯如下：

「現在需要一種關於事實、更廣博、更科學的知識，一種更健壯、更完備的推理法，更能分析並協助這一時代之經濟問題的解決。正確地發展與應用推理法是我們最迫切的需要。這需要科學頭腦所具有的才力。經濟學領域大量充斥著雄辯與粗糙的論述。它們的方式是良善的，但現在最需要的是保持頭腦的冷靜與清晰，去追索並分析許多混合原因的、混合行動的能力。傑出的天才不列入考慮，因為這種能力少能找到，除了那些曾在高深科學中經過嚴格訓練的人物以外。劍橋的這種人才比世界上任何大學都要多。可惜很少有人會去肩負這種任務。這一部分是因為，認同經濟學承擔非常重要任務的唯一課程，是道德科學榮譽學位考試。但是許多最適合做最高深與最困難的經濟工作的人，卻不被那個榮譽學位考試左右的形而上學的邊緣所吸引。」（注7）

經過馬夏爾這樣宣稱以後，隨著時間的演進，

政治經濟學就成為道德科學榮譽學位考試的第二部分
（Part II of the Moral Sciences Tripos）。這一地位使馬夏
爾邁出一步，更接近他所憧憬的最重要理想。一直到
1903年，一個分開、獨立的「經濟學學院與榮譽學位
考試附屬政治科學（School and Tripos in Economics and
associated branches of Political Science）的組織終告誕
生，他才感到滿意。這樣馬夏爾也就正式成為劍橋經
濟學院（Cambridge School for Economics）的創建者。
以他與他許多年代的學生之非正式的關係論，就遠超
過他是劍橋學院經濟學院的創建者而已，因為這種關
係不但影響他一生的事業，而且也決定了他們畢生努
力的方向與里程。

　　凱恩斯曾這樣說明他們師生之間的關係：「對於他
的同事，馬夏爾有時可能顯得令人厭倦與覺得固執，
對於外界人物，他有時可能顯得威嚴十足而不切實
際，但對於他的學生，他是一位無可批評的真實的哲
人與大師，而且始終如此。他是他們的精神父親，他
給他們以無處可求的靈感與慰藉。」（注8）

　　由於以上所述的各種業餘活動中也可見到馬夏爾

一生的成就是非凡的。

————◆◇◆————

1. Alfred Marshall, Industry and Trade, University Press of the Pacific, Honolulu Hawaii, 2003, pp. vii-vii.

2. John Maynard Keynes, Alfred Marshall, 1842-1924, The Collected Writings of John Maynard Keynes, Vol. X, Essays in Biography, The Royal Economic Society, 1972, p.217.

3. 此段轉譯自注2書，P.218.

4. 同注2書，P.218-219.

5. 同注2書，P.220.

6. 同注2書，P.221 note.

7. A. C. Pigou, ed., Memorials of Alfred Marshall, Kelley & Millman, Inc., New York, 1956, p.171.

8. 同注2書，P.223.

第十四章 | 退休生活

一、對退休的憧憬

馬夏爾於1908年從劍橋政治經濟學講座教授任上退休，時年66。他屬於校方實行低薪時期的人員，退休時亦無養老金之頒發。在此期間，他也曾多次承政府之邀兼任公職，亦純屬盡國民義務性質，並無金錢報酬。儘管如此，他每年還是從其經常薪水所得中除供其日常生活之所需外，抽出一部分維持一個專借學生書籍的圖書室，每三年還頒贈論文獎金一次，以鼓勵學生能從事原創的研究工作。此外他有時還支持校方補助一、兩位年輕講師的津貼，使其能繼續為經濟學院任教。

在這種情形之下，當他面臨退休計畫之實現，在經濟上不免有拮据之感。好在他每年還有著作之版稅收入，自仍可足以補充退休生活之需。實際上，他的這項收入自《產業與貿易》出版後就日益增加，一直到他臨終前，他已處於一生最富有的時節。在那些歲月中曾有傳言說，當他的出版公司Macmillan將他一年所應得的版稅支票寄到時，他曾自言自語地說，真不

知如何處理。最後，他將那一小型的圖書室捐給劍橋大學，大部分的遺產以及未來的版權收入也一併捐給學校，以增進經濟學之研究。（注1）

　　自從一併擺脫講課的辛勞和對學生所負的責任以後，馬夏爾就將所剩下的時間與精力都消磨於他壯年時代所蒐集的豐富資料的整理。在《經濟學原理》出版後的18年間，他蒐集的資料真的太龐大了，需待整理後編成書籍。他常常改變他以後要出版之書籍的範圍與內容，需待整理之數量則超過了他的能力。他在《原理》第五版（1907年）的序文中曾解釋他在1895年決定將這些資料編成三本書：（1）《產業與貿易的現代狀況》（*Modern Conditions of Industry and Trade*）；（2）《信用與就業》（*Credit and Employment*）；（3）《政府的經濟功能》（*The Economic Functions of Government*）。到了1907年則感到必須編成四冊。因此，他決定先集中力量於其中的兩本：一為《全國的產業與貿易》（*National Industry and Trade*），二為《貨幣、信用與就業》（*Money, Credit and Employment*）。這是最後計畫，但隨著時間的演進，「就業」一詞就從第二冊中消除，

而改以「商業」（commerce）。儘管如此，到了他在77歲時，《產業與貿易》一冊還是出版了。

二、《產業與貿易》的出版

不久以後，歐洲各國間的敵對局勢日益緊張，這時馬夏爾對於《泰晤士日報》（*The Times*）所投的公開函件，頗富意味。當時他被邀請簽署一份聲明，宣示我們不應該參戰，因為我們在未來的戰爭中並沒有實際的利益關係，他的簽復是「我認為和平或戰爭的問題必須同時取決於我們的利益與國民的義務，我主張我們應該立即動員，並宣布如果德國進軍比利時，我們將行宣戰，每個人都知道他們會這樣做。」（注2）許多年來他對於「泛日爾曼」（Pan-German）的野心都保持著嚴重的關切。他以「抗戰到底」（A Fight to a Finish）為題公開聲稱。因此，他肯定是採取反和平主義者的態度，並不隨時間的演進而有所改變。但是，他非常反對燃起民族的怒火。他記著他「瞭解並熱愛德意志」，「他們是一個異常盡責與正直的民族。」因

此，他堅持「尊敬他們合於我們的利益和我們的義務，我們希望保有他們的友誼，但我們會出盡全力去打擊他們。」同時，他表達了一種焦慮，認為大眾的演說會掀起激情，但這對於勝利的求取少有協助，甚至完全沒有，除了可能會大量地增加雙方的屠宰，這必須當作反抗德國侵略趨勢而要支付的代價。（注3）這些情感使他克制了愛國者的怒氣。

到了1919年，《產業與貿易》一書終告出版，這是一位在大多數人早已以休暇的歲月度過餘生的老年人之意志與決定的充沛發揮的重大事實。

這是一本與《經濟學原理》完全不同的書。其中大部分是敘述性的，三分之一是歷史，總結了他長期從事這一領域之辛勤研究的結果。將這些部分整合成為一書是相當人為的。這種整合工作的困難已經侵擾他許多年，最後仍不曾真正克服。其中有些是早在此書出版的許多年前寫出的，它們應該是分開來刊出的，它們成為一部而付梓，實在是馬夏爾的判斷錯誤。

這三本書如果分開來出版，對於它們的價值毫無減色：第一本是《現在產業與貿易問題的起源》（*Some*

Origins of Present Problems of Industry and Trade），說明英國、法國、德國與美國在19世紀下半葉之獲得產業界領導地位的主要歷史。第二本是《企業組織的支配趨勢》（Dominant Tendencies of Business Organization），這本雖然不一定是歷史性的，但主要也是描述19世紀下半葉產業組織之形態的演變。第三本是《壟斷的趨勢：它們與公共福祉的關係》（Monopolistic Tendencies: Their Relations to Public Well-being），詳細討論同一時期在運輸、托辣斯、卡泰爾以及聯合組織所發生的特殊問題。

《產業與貿易》一書的出版非常成功，不久以後就出第二版，到了1932年，1,600冊已銷盡，各方都很讚賞，毫無嚴厲的批評。這對於一位老年的工作者是莫大的慰藉。至少可以使他感到沒有受到時間這一敵人的約束，使他無法向世界說出他所要說的話。

不過，無論如何，客觀的事實，終於使他在《產業與貿易》一書的序文中坦誠地承認：「老年揭露了我的思想與話語幾乎要到了終點。」（注4）長篇大論不像精彩名畫那樣可以在非常老年的時期仍繼續下去。

但是，他的決心與勇氣，仍然足以承負另一部類似的鉅著的完成。

三、《貨幣、信用與商業》的刊出

他的專注力與記憶力已開始急速地衰弱。他之所以要活下去，好像就只是為了要完成這樣一部書。他之所以要盡量節省一些精力，也好像是為要完成這樣一本書。與訪客的晤談使他感到非常疲乏，對於他的工作的侵擾非常嚴重。馬夏爾夫人一次一次地將他們與他隔離，他只與她兩人孤獨地生活，與時間搏鬥。他休息時也靜聽從他那具自動鋼琴中所傳來他最喜愛的樂曲，或者諦聽馬夏爾夫人將舊小說向他一再朗誦。這是他生命最後十年之最大慰藉。每天晚上他總在那條烏黑的麥汀萊路（Madingley Road——馬宅的地址）上散步。在78歲生日的那一天，他對於將來的人生已沒有什麼夢幻。當馬夫人問他要不要在百年之後重回這一世界，看看發生了什麼事情。他回答說，若是純粹出於好奇心，他會想這麼做。他繼續著說下

去：「我自己的思想不斷地轉到另數百萬個世界，它們可能早在我們世界成為可居住的地方之前就已到達一個道德高超的世界，又有另外數百萬的世界可能到達這同樣的發展，當我們的世界已成為不可居之地時。」（注5）他說關於相信一個人之未來生命最大的困難，是他不知道生存的時間是何時開始的。一個人很難相信猿猴有一個未來生命，或者甚至早期生活在森林中的人會有個未來生命。既然如此，這樣多變的未來生命是何時開始的呢？

困擾他一生的消化不良病症近年來日益惡化。在1921年9月他八十壽辰時，他寫下一個短簡：

「工作的趨勢帶給我的腦袋以壓力，伴隨疲勞日益增加，這使我苦惱。我必須再工作兩個整年，如果力量之所能及（或者四個半年），在那時我可以永逝，我的生命不論長短，都不願為了活著而生活。我只希望這樣安排我的工作，使我能增加我的機會，說出我想要說出的這些重要的事。」（注6）

在1922年8月在他的八十壽辰以後的不久，他的《貨幣、信用與商業》終告完成，翌年刊出。這本書的

範圍與他計劃的不同，其中並不包括「受到可供充分就業之利用的資源有限而使人的生活與工作受到抑制的影響。」但他已設法將對於貨幣與對外貿易之理論的主要貢獻包括在這本書中。他主要的是將他早年所寫出的片段重編起來，有的是五十年前所寫的。它顯示出《產業與貿易》所未顯出的年老的斑跡。它包括了一些資料與觀念，並蒐集了一些學生在其他場合找不到或很難找到的諮詢。

在《貨幣、信用和商業》一書的序文中，他說：「雖然年老緊壓著我，我不是沒有希望要將一些我們所形成的對於社會進步之可能性的意想能夠及時出版。」（注7）一直到最後一場痛疾以前，儘管他承受記憶力的喪失與身體巨大的衰弱，他還是想要奮力編組成為另一本書，它的名稱是《經濟情況的進步》（*Progress: its Economic Conditions*）。（注8）但是，這一任務太艱鉅了。從某一方面看，他的體智才能還是健康的，他仍能親自撰寫一封短簡。在他82歲時的那一天，他說他想要到柏拉圖的「理想國」（Plato's Republic）。因為他希望寫出柏拉圖所望他現在居住的理想國是怎樣的

一個國家。但是，像一位老人，「他坐下來，想寫出來，最後沒有絲毫動靜。」（注9）

下面是凱恩斯為他所寫的被公認為最優秀的《馬夏爾傳記》中所寫的最後一段話，我將它迻譯過來，做為我對馬夏爾的欽慕與敬仰：

「在這最後幾天中，呈露出一對全神貫注的發光照耀的眼睛，伴以一小束白髮，頭戴著一頂黑帽，比起往昔，他更像是一位聖賢，或先知。最後，他的精力衰退了。但是每天早晨他都會甦醒，忘記了自己的景況，與平常一樣，想著要如何開始他一天的工作。在1923年7月13日，他82週歲的14天前，他永遠離開了這一世界而休息了。」（注10）

---

1. J. M. K, "Alfred Marshall", *The Collected Writings of John Maynard Keynes, Vol.X, Essays in Biography*, The Royal Economic Society, p.225.

2. 這些馬夏爾的言詞都從上注書 pp.226~227 轉譯過來的。

3. 這些馬夏爾的言詞也是從注 1 書中轉譯過來的。見注 1 書，p.227。

4. Alfred Marshall, *Industry and Trade*, University Press of the Pacific, Honolulu, Hawaii, 2003, pp.VII~VIII.

5. 同注 1 書，p.230。

6. 同上注。

7. Alfred Marshall, *Money Credit and Commerce*, Macmillan & Co., Ltd., London, 1923, p.VI。

8. 同注 1 書，p.231。

9. 同上注。

10. 同上注。

附錄　我的學術生涯回顧

（本文為作者出席2015年10月26日「台灣經濟教育現代化的推手 —— 施建生教授學術研討會」的致詞。）

　　我是1917年出生，到今年已經96年了。這96年的生活可以以1950年為界，分成二個階段來敘述。

　　在1950年以前的中國可以說是一個戰亂的中國，大大小小的戰爭打個不停。到了1937年對日抗戰，這真是一場大戰，人民死傷無數，堅持到了1941年12月7日，由於日本偷襲美國的珍珠港，與正在歐洲進行的二次大戰結合起來，一直打到1945年8月，這場大戰終告勝利結束。

　　這樣戰亂的中國終於和平了吧？但是，不然。那時我正在美國哈佛大學求學，當1945年8月15日清新寧靜的哈佛校園中的教室突然響起鐘聲時，我們都在教室中上課，不知發生了什麼事，不久就聽說第二次世界大戰最後在太平洋地區的戰爭也勝利了，日本

天皇宣布無條件的投降了。大家都感到非常的興奮與喜悅，尤其是其中的中國學生。不料第二天的清晨我照慣例到哈佛廣場（Harvard Square）去買份《紐約時報》，驚然看到報頭刊出四個大字「Civil War in China」（中國內戰了），再看到它的社論的題目，我到今天還記得，是「Unhappy People in an Unhappy Land」（不幸的人民在一塊不幸的土地上）。當時我情不自禁地默默地感嘆著：苦難的祖國同胞啊！你們何日真正能過著歡心的日子？當前中國政壇上的英雄好漢們，你們之間難道真有這許多深仇大恨，動輒要以干戈相向而使無辜的百姓遭殃嗎？

處在這樣情景之下，身為一個中國知識青年，自然會想到要對這樣的局面有所改進。於是我就希望能盡量縮短我留美學習的時間，盡快趕回祖國，期能有所獻替。到了1946年夏，我在哈佛的學業告了一個段落後，就轉赴當時美國在經濟學上與哈佛大學同列為最優秀的學府University of Chicago（芝加哥大學）去聽聽其中的經濟學大師如奈特（Frank Knight）諸氏的不同的見解。我們知道，當時經濟學界正在進行著一場

反古典學派的凱恩斯革命（Keynesian Revolution）。哈佛是這場革命在美國的基地，芝加哥大學則仍堅持古典學派的思路與之抗衡。我在那校住了半年，然後又再到舊金山附近的兩個名校 —— 加利福尼亞大學柏克萊校區（Universuty of California, Berkeley）以及史丹佛大學（Stanford University）去遊學數月。這是我為了增廣經濟學的知識而從事我所謂的「周遊列國」之行，結束之後我就買舟返國了。

　　到了1947之初，我終於回到了久別了的上海。當時國共兩黨的戰爭正在展開，美國總統杜魯門派了他的愛將馬歇爾將軍（George Marshall）到中國來進行調停工作。雖經他努力斡旋，但是雙方還是打打停停。我面對這種情勢充滿著無力感，不知道如何著手方能有所作為。最後馬歇爾的調停終告失敗而返國了，美國政府也發表了中美關係白皮書，宣布今後不再插手參涉中國內部的紛爭。到了1949年12月，中華民國政府終於撤離大陸而轉到台灣。1950年春我也設法渡海前來，這樣就結束了我1950年前的生活。

———

　　到了台灣之後，我已深深的體識到，以我這樣的個性與素養，想要藉由直接參與國政而有所建樹，是不可能的，因而過去所懷有的一些空泛的雄心壯志都消失了。今後只希望能平平凡凡安安穩穩的渡過餘生。但是這種意想又如何能夠實現呢？換言之，每日生活的資料又如何謀求？這就使我想起經濟學上的一條基本的比較利益定律。自己書沒有讀好，但教書還是我的比較利益之所在。於是我就想到向台灣大學申請教職。當時台大的回覆非常簡明：沒有名額。接著只好向另一間相當於大學二年程度的台灣省立行政專科學校申請。那校是新設立的，連校舍都沒有，先是借省立成功中學上課，之後再借省立台北工業專科學校上課，最後終於在現在龍江街一帶的田野中建立臨時校舍。他們聘我為兼任教授，每週上三小時的課。不久，另一也是新成立的、也沒有校舍的淡江語言專科學校，也聘我為兼任教授。當時該校是借淡水的淡水中學上課。（前者就是今天台北工專的前身，後者就

是今日淡江大學的前身。）

　　雖然已有兩校的職務，要解決每天的生計，還是困難的。但是，天無絕人之路，當時有一國營的肥料公司要翻譯一套「管理叢書」，我有一位年長的朋友與該公司的主管很有交情，就請他送一套給我翻譯。這位主管對我毫無認識，毫無信心，但礙於朋友的情誼，也就勉強給我一本。這本書叫做*Essentials of Manufacturing*。我打開一看，其中有一些技術上的專有名詞從來沒有看到過，實在像是天書。但在每千字四十元的豐厚報酬誘力之下，我還是予以克服。這種稿酬在當時是很優厚的。據我的記憶，當時一般報章雜誌每千字稿費只有四、五元。但是，儘管我費了很多心血，把它譯了十幾萬字而完成了，還是無法送給該公司，因為當時我感到我不能以我的姓名做為該書的譯者而具名，我畢竟不是這門學科的專才啊！過了幾天，我看到送來的報紙上有一條新聞的標題是「聯軍光復平康」。當時朝鮮半島正進行著戰爭，所謂聯軍是指由美國麥克阿瑟將軍所指揮的代表聯合國的軍隊。平康是該半島中部的一個城市，我看到平康二字

極合我意,「平」安健「康」,不正是我一生所希求的嗎?於是靈機一動,我就將二字顛倒過來,以「施康平」做為這本我譯為「製造業的要義」的譯者而送到肥料公司。不料該公司的主管對我的譯稿甚為讚許,還說之後還有些翻譯工作,希望我能再幫忙,以後也真的為他們再譯了兩本書。

接著張其昀先生突然派人送來一本很厚的書,是熊彼德(Joseph Schumpeter)所著的《Capitalism, Socialism and Democracy》,要我以一萬字將其精義加以介紹,在他新辦的《新思潮》月刊上發表,每千字稿費為五十元,比肥料公司的還要優厚。一萬字的稿費就是五百元,這大約是公立大學資深教授每個月的薪水,我所擔任的兼任教授每小時的鐘點費大約只有二、三十元。

談到張其昀先生,我必須在此多交代幾句。張先生當時是中國國民黨的改造委員會的秘書長,而我是無黨無派的。但張先生是我母校中央大學的前身東南大學的學長,當我於1935年進到中央大學時,他已是中央大學地理系的教授。不過一年之後,他就轉到

淡江大學任教了，所以我們並不相識，只記得他寫的
《本國地理》是當時全國中等學校採用最多的一本教
科書，我也曾讀過。但我們二人在哈佛大學時卻偶然
經校方的安排住在同一棟宿舍中，且為鄰毗。這棟宿
舍建造較早，各室都沒有衛生設備，是二室之間另建
一盥洗室供二室共同使用。我們二人也就這樣有了一
些相遇的機會。張先生那時是以浙江大學教授的身分
由美國國務院聘請到哈佛大學擔任訪問學人（visiting
scholar）。我們二人的輩分固然不同，但經這樣不時相
遇的機會多了，也就很自然的成為忘年之交了。所以
當他派人送一本書要給我撰文時，與肥料公司當初的
情形不同，對我的能力是很有信心的。不待言，此後
《新思潮》雜誌上，幾乎每一期都有我以「施康平」具
名的文章。

時間過得很快，不久，1951年的新學年開始了，
那時行政專校也就改聘我為專任教授，而且還要我兼
代財政學科的主任，這樣我來台之初所期盼想過的學
術生涯也就步上坦途了。

———

　　到了1952年的暑期，沒有想到有一天當時台灣大學經濟系主任林霖先生突然來看我。我們並不相識，他自我介紹，並說現在他系裡有一門課，叫做經濟政策，是必修的。因為過去沒有開過這門課，到了畢業生的資格最後送到教育部請求核定時，當時的主管看過名單以後就說無法通過，因為在所修的課目中竟沒有必修的經濟政策。他說他曾對教育部的主管解釋，「我們固然沒有經濟政策這門課，但有商業政策似乎可以替代」。這位先生聽了以後臉上仍有難色。停了一會，他終於表示這次勉強同意，但下次必須按規定辦理。林先生說了這些話後，就問我是否可以幫忙擔任這門課。當時我想台大本來就是我想要進的學校，上次自己申請沒有成功，現在他們主動來找我了，我自然感到非常榮幸。

　　我就這樣來到台大，到了今天一晃就是六十一年了。其間發生的情形，你們大概都知道了，尤其是早期畢業的同學。但是我還是要趁這個機會略表概況。

台大的專任教授至少要教兩門課，以我的情況來講，一門當然是經濟政策，另一門就是經濟學。第一年我教的不是經濟系的經濟學，而是法律學系與農業經濟學系合開的一門，當時法律學系沒有近年來這樣的熱門，還不能單獨開一門經濟學。到了第二年，由於原來擔任經濟系的那位教授未獲校方續聘，我也因而接下這門課。自此之後，除非有特別的狀況，我都是教這兩門課的。

大家都知道，經濟學經過1930年代那場凱恩斯革命之後，在講述的體系與內容上都有巨大的變化。當時我國各大學對於經濟學的教學，都還不能隨時代的變化而有所更新。我則經過哈佛大學的洗禮，對之有所領悟，乃加以改進。適於此時，張其昀先生有「國民基本知識叢書」的編輯，每冊要以十二萬字的篇幅將其中各科的精義予以闡述，內有《經濟學講話》一冊囑我撰寫。我就是根據這種改變而撰述的，可以說是凱恩斯革命以後第一本中文的經濟學著作，亦是以施康平具名而刊出的。我所講的經濟學一課自然也與這書的內容相似。同學中有些已打聽到施康平就是我

的筆名，有的則仍不知。因而有一次有一位同學就在課後跟我說：「老師所講的與該書的甚為相似」。為了避免抄襲之嫌，以後我的著述也都以真名發表了。到了 1955 年，我感到該書內容過於簡略，就將之加以擴充而改以《經濟學原理》為名而出版。嗣後每隔三、四年必改寫一次，到了 2001 年已出了十二版。

自從我擔任這兩門課以來，一直是將我所瞭解的現代經濟學的基本理論與相關政策的主要觀念，用淺近通俗的語言盡量加以傳述，希望能為同學們所接受，而奠下今後從事高深研究的基礎。其中沒有自己的創見，也很少論及台灣經濟的實際狀況。其所以如此，主要的是由於我自己學養的淺陋，對於各家學說的研習已感時間不足，自難再對台灣實情加以探索，這樣就不能將理論與實際融合為一體而論述，應為一缺失。但當我對於重要的經濟實情有所瞭解時，也常會撰文在報章雜誌上發表，這也許可以說是對於我的課務的一種補充。

在這期間我曾數度赴美擔任一些大學的客座教授，前後共歷七年之久。唯其如此，我乃於 1979 年在

台大提前退休，因為那年我在美國威斯康辛大學勒考斯校區（University of Wisconsin, LaCrosse）已教了兩年，但校方仍欲我繼續一段期間。我鑑於台大規定出國任教以兩年為限，就遵照辦理提前退休，而改聘為名譽教授。到了1984年返國以後，我就應張其昀教授之邀，到他創辦的中國文化大學任教。到1992年我七十五歲時，又照該校規定退休。所以在名義上我已一退再退，但實際上我的生活內容除了少教幾小時的書，後來甚至連一小時也不教外，一切仍照常進行。簡單的說，我六十多年在台灣的生活就是讀書、教書與寫書，就是離不開一個「書」字。現在儘管書是多年不教了，但仍是在讀書與寫書。到了今年3月18日，我的《偉大經濟學家約翰‧彌爾》完成後就真正擱筆不寫了，也就是說真正退休了。這是我在1950年以來的生活概況。

————

回憶這六十多年的生涯，當初原只想平平凡凡、安安穩穩地從事教育工作渡過我的餘生的微願終於達

到了，感到非常欣慰。其所以能如此，基本上是由於這些年來台灣沒有戰爭，人民都能安居樂業，這樣個人的願望只要努力而不太奢求，自然也易於達成。但以我個人論，主要的還是由於各位的寬容、協助與支持，不然書無法教了，書也不必寫了。你們是我生命的源泉，是我生活的憑藉，到今天還為我開這個學術研討會，令我受之有愧，卻之不恭。

　　現在我已到了黃昏歲月，我的生命是有限的，但我對你們的感激是無窮的。最後請容我誠摯的對你們再說聲「謝謝」，祝你們身體健康，今後的事業有更宏著的發展與成就。

國家圖書館出版品預行編目(CIP)資料

偉大經濟學家：馬夏爾 / 施建生 -- 第一版. --臺北市：
遠見天下文化, 2016.1
　　面；　公分. -- (財經企管 ; 574)

ISBN 978-986-320-910-2(平裝)

1.馬夏爾(Marshall, Alfred ,1842-1924) 2.經濟學家
3.經濟思想

550.1874　　　　　　　　　　　　　　104027988

財經企管 BCB574

偉大經濟學家
馬夏爾

作者 —— 施建生
事業群發行人／ CEO ／總編輯 —— 王力行
副總編輯 —— 吳佩穎
責任編輯 —— 周宜芳
封面設計 —— 吳慧妮

出版者 —— 遠見天下文化出版股份有限公司
創辦人 —— 高希均、王力行
遠見 • 天下文化 • 事業群 董事長 —— 高希均
事業群發行人／ CEO —— 王力行
出版事業部副社長／總經理 —— 林天來
版權部協理 —— 張紫蘭
法律顧問 —— 理律法律事務所陳長文律師
著作權顧問 —— 魏啟翔律師
社址 —— 台北市 104 松江路 93 巷 1 號 2 樓
讀者服務專線 ——（02）2662-0012
傳　真 ——（02）2662-0007；2662-0009
電子信箱 —— cwpc@cwgv.com.tw
直接郵撥帳號 —— 1326703-6 號　遠見天下文化出版股份有限公司

電腦排版／製版廠 —— 立全電腦印前排版有限公司
印刷廠 —— 祥峰印刷事業有限公司
裝訂廠 —— 明和裝訂有限公司
登記證 —— 局版台業字第 2517 號
總經銷 —— 大和書報圖書股份有限公司　電話／ (02)8990-2588
出版日期 —— 2016 年 1 月 29 日 第一版第一次印行

定價 —— 300 元
ISBN —— 978-986-320-910-2
書號 —— BCB574

天下文化書坊 —— www.bookzone.com.tw

Believe in Reading

相信閱讀